Jacob Kremer

Die Bibel lesen – aber wie?

Neufassung

Verlag Katholisches Bibelwerk

ISBN 3-460-30229-1

Umschlaggestaltung: Neil McBaeth, Stuttgart
Satz: Rund ums Buch, Kirchheim
Druck: Gulde Druck, Tübingen

Inhaltsverzeichnis

Vorwort

Auf Einladung der Katholischen Bibelwerke Deutschlands und Österreichs veröffentliche ich zum Jahr der Bibel 2003 eine völlige Neufassung meiner 1965 erschienenen und 1978 überarbeiteten kleinen Anleitung zum Verstehen der Heiligen Schrift „Die Bibel lesen – aber wie?“ Deren 10. Auflage (im Verlag Katholisches Bibelwerk 1988) ist inzwischen vergriffen, ebenso wie die Ausgaben in der ehemaligen DDR (St.Benno-Verlag) sowie die Übersetzungen in die ungarische, polnische, tschechische, slowakische, kroatische, russische, isländische, dänische, niederländische und chinesische Sprache. Da seit der 1. Auflage inzwischen über 37 Jahre verstrichen sind, will ich in dieser Neuauflage besonders die vielen sozialen, kulturellen, geistesgeschichtlichen und kirchlichen Veränderungen in letzter Zeit berücksichtigen. Dabei möchte ich aufzeigen, dass die Bibel ein Buch ist, das wie viele frühere Generationen uns heute noch ansprechen und ermutigen kann. Eine Voraussetzung dafür ist, dass wir angesichts vieler Einwände ihre vorwissenschaftliche, oft dichterische und bildhafte Sprache beachten, was leider bis heute zu wenig geschieht. Das gilt für das Neue Testament ebenso wie für das Alte Testament, auf das hier nicht näher eingegangen werden kann.
Im Blick auf den weiteren Leserkreis kann ich nicht auf alle Einzelfragen eingehen. Solche findet der interessierte Leser in den Veröffentlichungen, die in den Anmerkungen angegeben sind. Möge diese Neufassung wie die früheren Auflagen von „Die Bibel lesen – aber wie?“ dazu beitragen, die heute oft so fremdartig anmutenden Texte als frohmachendes Wort Gottes an uns zu vernehmen.

Wien, in der Adventszeit 2002

Jacob Kremer

Einleitung

Als ich 1965 die erste Auflage von „Die Bibel lesen – aber wie?“ abfasste, war mein Erfahrungsbereich wie der vieler anderer Bibelleser in mancher Hinsicht sehr verschieden von dem heutigen. Das Wirtschaftswunder hatte in der Bundesrepublik seit der Einführung der DM (1949) zwar schon den Lebensstandard vieler im Vergleich zur Situation in den Kriegs- und Nachkriegsjahren verbessert, doch verfügten in den 50er-Jahren noch längst nicht alle Haushalte über Rundfunk und Fernsehgeräte. Viele erfuhren von den Heimkehrern aus Krieg und Gefangenschaft sowie von den aus ihrer Heimat im Osten Vertriebenen manches über das Leben in anderen Ländern und von Menschen anderer Konfessionen, das ihnen bisher fremd war. In den folgenden Jahren traten dazu viele engere Kontakte mit den zahlreichen Gastarbeitern bzw. Flüchtlingen aus dem Ausland.

In kirchlichen Jugendgruppen und Vereinen herrschte in den Nachkriegsjahren ein sehr reges Leben. In diesen fand die von Pius Parsch in Klosterneuburg ausgehende und von Romano Guardini auf Burg Rothenfels sowie von Abteien wie Maria Laach geförderte liturgische Bewegung ein großes Echo. Es entstand ein bisher kaum gekanntes Interesse der Gemeinden an der Liturgie des Kirchenjahres. Viele lasen erstmals die liturgischen Texte anhand von Übersetzungen (Schott, Bomm) mit und gelangten so zu einer größeren Kenntnis der Bibel, gefördert auch durch nunmehr entstehende Bibelrunden. Erstmals wurden viele alte Kirchenlieder aus dem Schatz der evangelischen Kirche von den Katholiken übernommen, und neue Lieder fanden begeisterten Anklang. Dabei blieb es nicht aus, dass sich mancherorts ein Unbehagen an bestehenden Formen der römischen Liturgie einstellte und viele für baldige Änderungen eintraten, z. B. den Ersatz der lateinischen Sprache durch die Volkssprache, den Volksaltar, den Beginn der Osterliturgie nicht am Karsamstagmorgen, sondern in der Osternacht.

Die Einberufung des II. Vatikanischen Konzils durch Johannes XXIII. im Jahr 1962 weckte daher hohe Erwartungen. Mit großer Zustimmung wurde bei den ersten Sitzungen (Herbst 1963) die Änderung der von konservativen Kreisen ausgearbeiteten Tagesordnung und ihrer einengenden Themenauswahl sowohl in der Konzilsaula als auch in weiten Kirchenkreisen begrüßt. Besonders großen Anklang fanden die Nachrichten über die von den Konzilsvätern erörterten Vorschläge für eine liturgische Erneuerung und für die Einbeziehung der Ergebnisse neuerer Bibelwissenschaft, z. T. von evangelischen Exegeten erarbeitet, in die katholische Bibelauslegung. Begrüßt wurden vor allem die Anregungen zur ökumenischen Begegnung mit anderen Christen. Auf großes Echo stießen auch die zaghaften Versuche, dem jüdischen Volk und anderen Religionen mehr als bisher gerecht zu werden. Das Fundament all dieser hier nur kurz genannten Themen bildete das von namhaften Theologen erarbeitete dynamische Verständnis der Kirche als „Volk Gottes auf dem Wege“ (statt „Leib Christi“ im Sinne der 1940 von Pius XII. erlassenen Enzyklika „Mystici Corporis“). Kein Wunder, dass die Nachrichten über das II. Vatikanische Konzil in großen Kreisen der katholischen Kirche eine Aufbruchsstimmung auslösten und den religiösen Horizont vieler weiteten.

Dieser kirchliche Aufbruch war während der folgenden Jahre in den westlichen Ländern begleitet von einem weiteren Wachsen des Lebensstandards, das breite Volksschichten erfasste (z. B. zunehmende Motorisierung und Reisemöglichkeiten, Verbreitung von Fernsehen und Zeitungen). Mehr als bisher konnten in den folgenden Jahren sehr viele an den Fortschritten in der Technik teilnehmen und sich über neueste wissenschaftliche Erkenntnisse auf dem Gebiet der Weltraumforschung (z. B. Mondlandung 1969), in Biologie, Medizin (Genforschung) und Psychologie informieren. Weiter belebt wurde diese Emanzipation in Frankreich und Deutschland durch die so genannte „2. Aufklärung“ Ende der 60er-Jahre, ausgelöst durch die Studentenrevolte und unterstützt durch die „kritische Theorie“ der „Frankfurter Schule“ (J. Habermas und Th. W. Adorno). Diese stellte unter Rückgriff auf K. Marx die bisherigen Autoritäten radikal in Frage, auch die der Kirchen und der Bibel.

Dies führte – beeinflusst von dem Tempo und Wettbewerb der neuen Arbeitswelt des Kapitalismus sowie dem wachsenden Wohlstand – zu einer völlig neuen Beurteilung traditioneller Werte. Nicht selten war damit eine zunehmende religiöse Gleichgültigkeit, Indifferenz und kritische, ja z. T. ablehnende Einstellung zur eigenen Kirche und ihren Weisungen verbunden. Die bisher üblichen, regelmäßigen täglichen Gebete werden seither kaum noch gepflegt und die gemeinsamen Tischgebete, oft auch wegen der unterschiedlichen Arbeits- und Mahlzeiten, in vielen Familien völlig unterlassen. Gottesdienstbesuche und Beichtpraxis prägen bei wei-

tem nicht mehr das Leben aller Katholiken. Die große Zahl von Ehescheidungen ist u. a. Zeichen der ständig zunehmenden Zerrüttung unserer Familien. Außerdem nimmt in vielen Gebieten die einzig auf Erfolg, Gewinn, Genuss und Spaß („fun") ausgerichtete Lebenseinstellung vieler Jugendlicher zu. Pädagogen klagen nicht selten darüber, dass ein Großteil der Schülerinnen und Schüler von einer rein naturwissenschaftlichen und vordergründigen Sicht der Welt derart fasziniert ist, dass ihnen jegliches Interesse für geistige und religiöse Werte abgeht. Es ist deshalb nicht verwunderlich, wenn die Zahl der Ordens- und Priesterberufe in unseren Ländern auf erschreckende Weise abnimmt. Es fehlt jedoch keineswegs bei vielen Jugendlichen ein Interesse an religiösen Fragen. Viele sind außerdem für soziale Aufgaben und Einsätze (z. B. in Katastrophenfällen) durchaus zu begeistern, wenn auch nur selten aus christlichen Motiven.
Dieses und manches andere führte dazu, dass viele bis dahin eifrige Bibelleser sich heute kaum noch für die Heilige Schrift interessieren oder dafür Zeit nehmen. Inmitten einer religiös oft abständigen oder negativ eingestellten Umwelt machen außerdem die in den Medien verbreiteten Fehler kirchlicher Stellen es vielen Menschen schwerer als bisher, den in den Gotteshäusern verkündeten Texten der Bibel zuzustimmen. Diese erscheinen ihnen ja nicht bloß unverständlich und wenig hilfreich für die heutigen Weltprobleme, sondern fordern ihnen überdies oft Einschränkungen der durch die Reklame suggerierten Wünsche ab.
In dieser geschichtlichen Situation sind heute alle Christen eingeladen, die Bibel als Wort Gottes zu lesen, um Mut und Hoffnung für sich und andere zu schöpfen. Das ist besonders angebracht in einer von Katastrophen, Bürgerkriegen und Terrorakten (wie am 11. September 2001) heimgesuchten Welt, wo nicht wenige im Blick auf die Zukunft verängstigt sind und unter der Sinnlosigkeit des Lebens leiden. Auch der Umstand, dass die Medien heute oft sensationell über Katastrophen, Verbrechen, Skandale und Krankheiten in der eigenen Bevölkerung wie in der weiten Welt informieren, schärft die Sensibilität für das alte Problem der Theodizee, auf das agnostische und atheistische Geisteswissenschaftler und Dichter gern die Aufmerksamkeit lenken: Wie lassen sich die Aussagen der Bibel über die Liebe Gottes und seines Sohnes mit dem nicht zu übersehenden Unheil in der Welt vereinbaren? Wer über die gegenwärtige und in Zukunft sich wohl noch zuspitzende Lage der meisten Men-

schen nachdenkt, versteht unschwer, dass es diesen nicht leicht fällt, in das Gotteslob der Bibel einzustimmen.

Dabei dürfen Christen wie Juden aber nicht übersehen, dass eine solche Situation nicht bloß Anlass zum Klagen gibt; sie stellt auch eine viel zu wenig bedachte Chance dar. Wie es zum Los des auserwählten Volkes Israel gehörte, „durch die Wüste zu ziehen", gehörte die „Wüste" auch zum Lebensweg Jesu und seiner Jünger. In dieser gilt es durchzuhalten und sich zu bewähren, um zum Ziel zu gelangen (vgl. Apg 14,22)[1]. So sind alle Christen unserer Tage aufgerufen, in der Diasporasituation der heutigen Kirche auszuharren und zu reifen. Das rechte Lesen der Bibel kann sie immer wieder neu anspornen, den Weg durch die „Wüste" dieser Welt zu gehen und anderen Hoffnung auf ihrer Wüstenwanderung mitzugeben. Dies erfordert im Zeitalter der Wissenschaften jedoch, auf die Besonderheit der Welt und Kultur einer vergangenen Epoche zu achten, in der die Bibel abgefasst wurde, um ihre uns fremd anmutende Sprache zu verstehen, uns glaubend auf sie einzulassen und sie anderen verständlich weiter zu geben. Die Ausführungen der folgenden Kapitel möchten dazu eine kleine Hilfe anbieten.

> Man muss sich doch darüber klar sein, dass in der Religion die Sprache in einer ganz anderen Weise gebraucht wird als in der Wissenschaft. Die Sprache der Religion ist mit der Sprache der Dichtung näher verwandt als mit der Sprache der Wissenschaft... Wenn in den Religionen aller Zeiten in Bildern und Gleichnissen und Paradoxien gesprochen wird, so kann das kaum etwas anderes bedeuten, als dass es eben keine anderen Möglichkeiten gibt, die Wirklichkeit, die hier gemeint ist, zu ergreifen. Aber es heißt nicht, dass sie keine echte Wirklichkeit sind.
>
> Werner Heisenberg

1. Die Bibel – noch zeitgemäß?

1.1 „Welch ein Buch!"

„Welch ein Buch! ... das ganze Drama der Menschheit ... ist in diesem Buch." So schrieb der Jude Heinrich Heine in einem Brief von Helgoland am 8. Juli 1830. Er sprach damit aus, was in seiner Zeit sehr viele dachten und heute noch denken. Seit J. W. von Goethe und H. Heine galt „die Bibel als Werk der Weltliteratur, aus dessen Reichtum Autoren aller geistigen und gläubigen Schattierungen schöpften"[2].

In der Bibel werden die großen Menschheitsprobleme (Schuld und Leid, Liebe und Untreue, Krankheit und Tod) angesprochen. Diese Themen finden viele Dichter vor allem in den literarisch hoch eingeschätzten Schriften des Alten Testamentes, z. B. in den Psalmen, im Buch Ijob, in der Sammlung der Weisheitssprüche und im Hohen Lied. Von den neutestamentlichen Texten werden vor allem die Gleichnisse Jesu und der oft zitierte Lobpreis der Liebe 1 Kor 13,1-13 geschätzt. Selbst der Kirche entfremdete Dichter alter und neuerer Zeit greifen gern auf die Bibel zurück, so z. B. J. W. von Goethe (†1832), Bert Brecht (†1956), G. Trakl (†1914), R. M. Rilke (†1926), G. Tabori u. a. Besonders eindrucksvoll sind die Ausführungen von Franz Fühmann (†1984), der auf den großen Unterschied zwischen der griechischen Mythologie (Mensch als Spielball der Götter) und der Bibel (Mensch als Partner Gottes) hinweist. Durch die Schriften des Alten Testaments fühlen sich Juden in Israel und in der weiten Welt miteinander verbunden. Alle christlichen Kirchen berufen sich auf die Bücher des Alten und Neuen Bundes als Wort Gottes. Selbst der Koran, das heilige Buch des Islam, weist sehr viele Bezüge zum Alten und Neuen Testament auf. Jahrhunderte hindurch haben Christen wie die Angehörigen des Volkes Israel in schweren Zeiten aus diesen Büchern Kraft, Trost und Mut geschöpft. Die Heilige Schrift bezeugt heute noch – anders als die antiken Mythen – gläubigen Lesern Gottes Sorge um die Welt und um alle Menschen, auch um die Sünder. Nach ihren Worten hat Gott zu Israel seine Propheten und zuletzt seinen eigenen Sohn gesandt. Durch sie hat er schließlich alle auf die zwar noch ausstehende, aber in Zukunft Wirklichkeit werdende Vollendung seines Werkes verwiesen, die Teilhabe an seiner göttlichen Herrlichkeit.

Bis heute schöpfen nicht wenige Gläubige und Ungläubige – ob Juden oder Christen – in schweren Stunden aus ihr Hoffnung. Mit Recht trägt sie daher seit alter Zeit den Namen „das Buch" („Bibel" – eine Ableitung des lateinischen Wortes „biblia", das dem griechischen Plural *biblia* = Bücher nachgebildet ist). Juden und Christen gilt sie als „Buch der Bücher". In den letzten Jahrzehnten haben zudem neuere Handschriftenfunde sowie die Veröffentlichungen über die Probleme moderner Exegese (Bibelauslegung) wieder das Interesse für die Bibel geweckt.
Jahrhunderte hindurch waren alle christlichen Kirchen – auf der Linie Jesu und seiner Apostel – der festen Überzeugung, dass die Bibel, Altes und Neues Testament zusammen, für alle Menschen zu deren Heil bestimmt ist, wenn auch nicht für alle in gleichem Maß. So schreibt der Apostel Paulus im Blick auf das Alte Testament: „Was aufgeschrieben steht, wurde zu unserer Belehrung geschrieben, damit wir durch die Geduld und den Trost, den die Schriften verleihen, Hoffnung haben" (Röm 15,4). Wie es für religiöse jüdische Versammlungen gilt, haben auch alle christlichen Kirchen von Anfang an die Bibel regelmäßig – besonders im Rahmen der Gottesdienste und bei der Hinführung zu den Sakramenten – vorgelesen. In den Klöstern war sie darüber hinaus das bevorzugte Buch für die tägliche geistliche Lesung und Meditation. Ihre Aussagen wurden in Bildern und Wandmalereien auch denen anschaulich vor Augen gestellt, die nicht lesen konnten (Biblia pauperum). Die unübersehbaren Kunstwerke der abendländischen Kultur (Kirchen, Skulpturen, Gemälde, Literatur und Musik) sind weithin durch Themen und Motive dieser „heilig" genannten Schriften geprägt. Ohne Bibelkenntnis bleiben die meisten Bilder in unseren Kathedralen und Museen den Betrachtern unverständlich. Nach der Erfindung der Buchdruckerkunst und infolge der Zunahme der Allgemeinbildung fanden auch einfachere Volksschichten, vor allem im evangelischen Bereich, zum Lesen der Bibel. Durch das II. Vatikanische Konzil (1962-1965) hat die Bibel zudem für alle Katholiken neues Gewicht erhalten. Zwar galt sie ihnen immer als „Wort Gottes" und wurde regelmäßig in ihren Gottesdiensten – allerdings oft nur in lateinischer Sprache – verkündet. Im Unterschied zu den evangelischen Christen blieb sie ihnen aber meistens ein fremdes Buch, und es fehlte ihnen oft der vertraute Umgang mit ihr. Gerade dazu jedoch, zu einem persönlichen Lesen der Heiligen Schrift als Fortführung der Verkündigung im Gottesdienst, ermuntert die ka-

tholische Kirche ihre Gläubigen heute intensiver als noch vor etlichen Jahren.

Hindernisse beim heutigen Lesen der Bibel

Trotz ihrer Hochschätzung in den Kirchen und bei Dichtern finden viele Menschen, auch Christen, heute keinen Zugang mehr zur Bibel. Trotz der Übersetzungen in die Muttersprache und trotz vieler volkstümlicher Erklärungen bleibt ihr Inhalt den meisten verschlossen. Für viele ist sie mit ihren aus einer fremden Kultur stammenden und oft widersprüchlichen Angaben über die längst vergangene Geschichte Israels und auch Jesu sowie mit ihren Gesetzen und unrealistischen Zukunftsbildern sozusagen ein Buch, das „mit sieben Siegeln versiegelt" ist, wie es im letzten Buch der Bibel von der Buchrolle heißt, die niemand öffnen konnte (Offb 5, 1-4). Außerdem sprechen ihre Mahnungen und Verheißungen keineswegs alle an, besonders wenn sie mit einem durch die Kritik in den Medien geschärften Blick gelesen werden. Viele Aussagen stoßen eher ab. So finden sich im Alten Testament neben vielen unrealistisch klingenden Berichten, z. B. über die Errettung Israels aus Ägypten (Ex 14), mitunter recht barbarisch anmutende Anordnungen, etwa über den Vollzug des Bannes, d. h. der Ausrottung ganzer Stämme (z. B. Num 21,1-3; Jos 6,17-21; 1 Sam 15) oder über die Vertreibung der Magd (Nebenfrau) Abrahams mit ihrem Sohn (Gen 21,8-20). Oft werden von Gott oder im Namen Gottes vollbrachte Taten berichtet, die in unseren Augen verabscheuungswürdig sind, wie z. B. die Tötung jeder Erstgeburt der Ägypter (Ex 12,29-33) und die in der Pascha-Liturgie gefeierte Vernichtung des Heeres der Ägypter beim Durchzug durch das Schilfmeer, um Israel aus der Versklavung zu befreien (Ex 14). Unverständlich ist für heutige Leser neben der Schilderung des grausamen Strafgerichts an Angehörigen Israels nach der Verehrung des goldenen Kalbes (Ex 32,15-34) auch die Tötung der Tochter Jiftachs durch ihren Vater, nur um ein Gott gegebenes Gelübde zu erfüllen (Ri 11,29-40). Die Fluchpsalmen (z. B. Ps 69,25: „Gieß über sie deinen Grimm aus, dein glühender Zorn soll sie treffen!") und Verwünschungen (Ps 137,9: „Wohl dem, der deine Kinder packt und sie an den Felsen zerschmettert") können heutige Beter nicht mehr nachvollziehen. Selbst im Neuen Testament fehlt es nicht an Bil-

dern schrecklicher Strafgerichte (z. B. über die Zerstörung Jerusalems Mt 22,7.13; Offb 18,9-19) und an Forderungen, die viele mit Recht als abstoßend empfinden, etwa das Ausreißen des Auges (Mt 5,29), das Verlassen von Vater und Mutter (Lk 14,26) oder die Anordnung „die Frau soll in der Kirche schweigen“ (1 Kor 14,34; 1 Tim 2,11f). Nicht wenige Angaben im Neuen Testament scheinen schließlich heutigen Lesern mit dem sonst vorbildlichen Verhalten Jesu kaum vereinbar, z. B. die Verbannung von Dämonen in 2000 Schweine und deren folgende Vernichtung (Mk 5,11-16) oder die Verfluchung eines Feigenbaumes (Mk 11,14). Manche Erzählungen im Neuen Testament sind wie viele im Alten Testament zum Teil widersprüchlich und kaum mit einander zu harmonisieren, wie es in Predigten der Vergangenheit immer wieder versucht wurde, etwa die teilweise gegensätzlichen Angaben über die Ostererscheinungen (in Mt 28,10 und Lk 24,49b; s. w. u. S. 67). Hier und da wurde angesichts solcher Bibeltexte sogar die Frage laut: Wie kann man ein solches Buch nur „Heilige Schrift“ nennen und heutigen Menschen in unseren Breiten empfehlen? Schließlich halten moderne bibelwissenschaftliche Erklärungen, wie sie in den Medien oft vereinfacht dargeboten werden, manche Leser mehr von der Bibel ab, als dass sie zu ihr hinführen; danach ist in den biblischen Schriften nämlich vieles anders aufzufassen, als es unbefangene Leser heute zunächst meinen.
Die erwähnten Hindernisse und Schwierigkeiten können durch bloße Einladung zum Lesen der Bibel nicht behoben werden. Geht es manchen mit der Bibel nicht ebenso, wie sie es bei der Besichtigung eines alten oder modernen Kunstwerkes erleben? Sie haben von seinem Wert gehört, machen sich auf, es zu sehen, stehen ihm aber dann verständnislos gegenüber. Erst wenn ein Kundiger sie dazu anleitet, das Bild oder die Skulptur richtig zu betrachten, erfassen sie, was der Künstler damit ausdrücken wollte oder will. Ähnlich bedarf es auch heute einer Anleitung, um an der uns fremden Sprache der Bibel nicht Anstoß zu nehmen, sondern sie zu verstehen und von ihrer Aussage ergriffen zu werden.[3]

1.2 Ganz in der Sprache von Menschen

Jeder, der die Bibel liest, stellt schon zu Beginn leicht fest, dass ihre Sprache die von Menschen und nicht etwa die überirdischer Wesen

ist; man vergleiche nur die dichterisch-lehrhafte Diktion der beiden Schöpfungsberichte (Gen 1-2), die mythische Erzählung vom Sündenfall (Gen 3) oder die seit alters her verbreiteten Gattungen der Genealogien und Geschichtserzählungen (Gen 5; 10; 11,10-32). Wie später noch näher ausgeführt wird, handelt es sich um literarische Ausdrucksweisen einer vergangenen Geschichtsepoche, die nicht von denselben Interessen oder Anschauungen geprägt war wie unsere neuzeitliche. Diese menschliche Sprache hinderte jüdische und christliche Autoren jedoch nicht daran, die biblischen Geschichten als Wort Gottes zu bewerten.
Nach der kirchlichen Lehre ist die Bibel in der uns überlieferten Fassung wirklich ganz „Wort Gottes“, auch wenn sie weder im Alten noch im Neuen Testament in ihrem vorliegenden Umfang als „Wort Gottes“ bezeichnet wird. Es geht also nicht an, bloß einzelne Bücher oder gar nur das Neue Testament als Wort Gottes ernst zu nehmen, wie es Christen oft versuchten. Bei der Sammlung und Hochschätzung der Bücher des Alten Bundes folgte die Urkirche – wie auch schon Jesus – der Auffassung des damaligen Judentums. Seit den Tagen des Exils (586-537 v. Chr.) hat Israel die fünf dem Mose zugeschriebenen Bücher (Pentateuch) als „das Gesetz“ (Tora, d. h. „Weisung“) geschätzt. Die meisten Juden betrachteten ebenso die Worte der Propheten und andere „Schriften“ als „von Gott eingegebene“ (2 Tim 3,15; 2 Petr 1,21) oder von Gottes Geist gesprochene Worte (Mk 12,36). Jedoch stand im Judentum noch nicht allgemein fest, welche Schriften im einzelnen als inspiriert zu gelten hätten. Die Sadduzäer etwa hielten sich nur an die fünf Bücher des Mose. Die von den Übersetzern der Bibel in die griechische Sprache (etwa 1. oder 2. Jh. v. Chr.) erstellte Ausgabe der „Septuaginta“ (= siebzig; so genannt, weil nach einer Legende „70 Gelehrte“ sie unabhängig voneinander völlig gleichlautend übersetzten) enthält einige Bücher, die nicht in hebräischer Sprache aufgezeichnet und von späteren Juden deshalb nicht als inspiriert anerkannt wurden (so Judit, Tobit, Weisheit, Sirach, Baruch, 1-2 Makkabäer, Abschnitte aus Ester und Daniel). Aus dem Neuen Testament lässt sich nicht erweisen, dass Jesus und die Urkirche nur die ursprünglich hebräisch abgefassten Schriften als inspiriert anerkannten (wie dies M. Luther annahm) und nicht zusätzlich auch die nur in Griechisch enthaltenen (so die Lehre der katholischen Kirche). Neuere Forschungen zeigen, dass zumindest weite Kreise der Urkirche der umfangreicheren Sammlung in der Septuaginta folgten und selbst Paulus Gebrauch

von den ursprünglich nur in griechischer Sprache verfassten Büchern machte (z. B. der Bezug auf Weish 13-15 in Röm 1,19-22).
Die frühe Christenheit hat spätestens gegen Ende des ersten Jahrhunderts angefangen, die Briefe der Apostel und ihnen gleichgestellte Schriften des Neuen Bundes (z. B. die Evangelien) – unbeschadet ihrer an damalige Christen gerichteten zeitbedingten Sprache – zu sammeln und neben den Schriften des Alten Bundes im Gottesdienst zu verlesen. Ein ältester Hinweis darauf innerhalb des Neuen Testaments ist 2 Petr 3,16, wo es heißt, dass einige die schwer verständlichen Briefe Pauli „ebenso wie die übrigen Schriften zu ihrem eigenen Verderben verdrehen" (vgl. auch Kol 4,16). Dabei stand wie beim Alten Testament nicht von Anfang an fest, welche Schriften aus der apostolischen Zeit nun zum „Kanon" (wörtlich: Maßstab) der Bibel gehörten und welche erst später dazu kamen. Einerseits wurden in manchen Gemeinden zum Beispiel der erste Klemensbrief (um 96), die Didaché (Anfang des 2. Jh.), der Barnabasbrief (um 130/140) und der Pastor Hermae (um 140/150) lange Zeit beim Gottesdienst als heilige Schrift verlesen; sie finden sich auch noch in alten Bibelhandschriften. Andererseits wurden der Hebräerbrief und die Offenbarung des Johannes nicht selten zu den „Antilegomena" bzw. „Amphiballomena" („Umstrittenen") gezählt, das heißt zu jenen zahlreichen frommen Schriften aus den ersten Jahrhunderten, die nicht in den Kanon aufgenommen wurden. Erst im Lauf der ersten drei Jahrhunderte kam es zu einer einheitlichen Auffassung über den Kanon.
Da seitens der Reformatoren die Zugehörigkeit einzelner Bücher zum Kanon bestritten wurde und selbst unter katholischen Theologen keine einmütige Auffassung in allen Punkten herrschte (z. B. betreffs des Hebräerbriefes), definierte das Konzil von Trient (1546), dass alle Bücher der verbreiteten lateinischen Bibelübersetzung („Vulgata" genannt), die bezüglich des Alten Testaments der Septuaginta folgte und Jahrhunderte hindurch Grundlage der kirchlichen Verkündigung im Abendland war, zum Kanon der Heiligen Schrift gehören. Daraus folgt nicht, dass nach Auffassung des Konzils der lateinische Text über dem hebräischen bzw. griechischen Urtext steht.

1.3 Der wirkliche Autor: „Gott"

Im Blick auf die heutigen Leser darf nicht übersehen werden, dass viele in einer säkularen, areligiösen Umwelt leben. Dort ist ihnen der Glaube an Gott fremd und es fehlt ihnen somit der Zugang zur Bibel als Wort Gottes. Diesen heute verbreiteten Mangel belegen eindrucksvoll viele Stimmen in der neueren Literatur, welche die Rede von Gott radikal in Frage stellen oder gar ausdrücklich ablehnen[4]: so z. B. Ernst Jandl in dem Gedicht „vogelgott": „ja ich glaube dass gott ein vogel ist und ich sein mist" (in: „die bearbeitung der mütze" 27). Günter Grass formulierte in „Das Meissner Tedeum" (ein Gegengesang auf den alten kirchlichen Hymnus): „Wen soll ich loben? / Danken wem? / Soll ich das Chaos loben? / Wen? / Den parzellierten Unsinn? / Wen?" (1966) ... Solche Texte machen uns heute hellhörig dafür, dass niemand Gott je so erkennen und über sein Wirken sprechen kann, wie das früher landläufig bei vielen Bibellesern irgendwie vorausgesetzt wurde, nicht zuletzt durch Fehlinterpretationen biblischer Texte. Mit Recht muss solch verbreiteter „Missbrauch des Namens GOTT" (M. Motté) heute zurückgewiesen werden. Deshalb wird hier das Wort „Gott" in Anführungszeichen gesetzt, wie das schon Heinrich Böll vor Jahren getan hat.

Gott – der von den Menschen so erkannte Urgrund von allem
„Gott" – der niemals von manchen direkt zu erkennende
und nur analog (ähnlich – unähnlich) zu bezeichnende Urgrund

Schon in der Vergangenheit betonten Theologen, dass alle Aussagen über Gott immer nur „analog" (ähnlich-unähnlich) zu verstehen seien. So formulierte das IV. Laterankonzil (1215): „Zwischen Schöpfer und Geschöpf kann keine noch so große Ähnlichkeit erkannt werden, dass zwischen ihnen nicht eine je größere Unähnlichkeit festzustellen ist" (DH 806). In diesem Sinne bezeichnete Thomas von Aquin (†1274) am Ende seiner Ausführungen über „die fünf Wege" zum Erkennen Gottes (oft missverständlich „die fünf Gottesbeweise" genannt) das Ergebnis seiner Überlegungen jeweils zurückhaltend mit: „den alle Gott nennen" (S.th.1,q.2,a.3). Der letzte personale Urgrund und das Ziel von allem ist nämlich über jedes irdische Wesen und alles, was wir im Mikrokosmos und Makrokosmos heute erforschen können, weit erhaben (vgl. den Buchtitel von E. Przywara [†1972]: „Deus semper maior“, in Anlehnung an Augustinus). Daher kann Gott von uns Menschen nicht wie andere innerweltliche Größen erforscht, erkannt, verstanden und begriffen werden. Das ist auch zu bedenken, wenn sich heute angesichts der Weitung unseres Horizonts nicht bloß auf die ganze Erde, sondern auf das ganze Weltall (Milliarden Planeten!) die Frage aufdrängt: Wie ist damit die in der Bibel erzählte Geschichte des kleinen auserwählten Volkes Israel als besonderes Eigentum Gottes und Jesu Wirken als Sohn Gottes im abgelegenen Galiläa, sozusagen am Rande der Welt, zu vereinbaren? K. Rahner verglich diesbezüglich das unscheinbare Auftreten Jesu in Palästina mit der im Grunde doch winzigen Erde im Verhältnis zu dem riesigen Weltall. Das schon früher oft gegen die Bibel und gegen die in ihr ausgesprochene Existenz eines liebenden Gottes vorgebrachte Argument des Leides und des Bösen – seit G. W. Leibniz (†1716) unter dem Begriff „Theodizee“ diskutiert – ist rein philosophisch bis heute wohl nicht zu lösen. Am ehesten lässt sich darauf mit der Doppelfrage alter Philosophen antworten, die der christliche Staatsmann Boethius (†521) im Gefängnis niedergeschrieben hat: „Wenn es einen Gott gibt, woher dann das Böse? Woher aber das Gute, wenn es keinen gibt?“ (Siquidem deus ... est, unde mala? Bona vero unde, si non est?) Ohne eine direkte Antwort zu erhalten, werden wir durch diese Doppelfrage dazu herausgefordert, uns nach Abwägung von Gut und Böse in der Welt dazu bewegen zu lassen, mit Gott als dem unbegreiflichen Urheber von allem Guten zu rechnen und auf ihn zu bauen. Wenn die Bibel dafür das Wort „glauben“ verwendet, tut sie das im Sinne der Bedeutung des hebräischen Wortes *aman*, d. h. „feststehen“ und vor allem „sich festmachen“ in einer Lebenspraxis des vertrauenden Sich-Einlassens auf Gott, nicht aber im Sinne eines rein theoretischen Wissens (Für-wahr-Haltens), wie neuzeitliche Katechismen leider oft suggerieren.

Eine Hilfe zur Beantwortung der aufgezählten Einwände gegen Gottes Existenz und Wirken – als Voraussetzung für seine Autorschaft der Bibel – bietet schließlich die Heilige Schrift selbst. Einerseits verbietet sie nämlich in der Abwehr heidnischer Götzendienste, sich ein Bild von Gott zu machen („Du sollst dir kein Gottesbild machen“ Ex 20,4). Andererseits spricht sie jedoch unmissverständlich – wenn auch immer nur in bildhaft-analoger Sprache und den Vorstellungen ihrer Zeit gemäß – von Gottes Selbstoffenbarung an Abraham, Isaak und Jakob, an Mose und die Propheten, die in der

Menschwerdung seines eigenen Sohnes ihre Erfüllung findet. Diese fordert von allen Angesprochenen eine Antwort auf die menschlich niemals zu begreifende Selbstbezeugung Gottes in glaubender Hingabe. Dabei gab und gibt sich „Gott" in der Heiligen Schrift als der zu erkennen, dessen innerstes Wesen die Liebe ist (in der Beziehung von Vater, Sohn und Hl. Geist). Diese befähigt ihn dazu, selbst den Missbrauch der den Menschen aus Liebe geschenkten Freiheit, ohne die sie nicht lieben könnten, zu ertragen und durch die Liebestat seines Sohnes zu überwinden. (In dieser Liebe haben letztlich auch die Aussagen über Gottes „Zorn" [z. B. Ex 4,4; 32,11; 2 Kön 23,26; Ps 6,2; Offb 16,1] ihren Grund.)
Diese zentrale Botschaft der Bibel wird heute manchmal unter Berufung auf die Tiefenpsychologie als Produkt menschlichen Wunschdenkens deklariert. Für eine solche Annahme lassen sich aber keine stichhaltigen Beweise liefern; sie kann deshalb – den Überlegungen des Philosophen Karl Popper (†1994) entsprechend – niemals als über jeden Irrtum erhaben gelten und gegen die Bibel stichhaltig ins Feld geführt werden. Nach Aussage der Bibel selbst vermag allerdings nur derjenige ihre Botschaft als befreiendes „Wort Gottes" anzunehmen und sich darauf „glaubend" einzulassen, der die Grenzen seines eigenen Erkennens – auch mittels der neueren und neuesten Wissenschaften – ehrlich eingesteht und sich dem sein Begreifen stets übersteigenden (transzendentalen) Urheber allen Seins bzw. dessen Lebensodem (Hl. Geist) überlässt.

1.4 Inspiration als Garantie der Zuverlässigkeit

In Ergänzung zu dem eben Dargelegten ist hier noch eigens auf das Thema „Inspiration" einzugehen[5]. Von Anfang an haben die christlichen Kirchen betont, dass die ganze Bibel allen Gegenargumenten zum Trotz wirklich Wort Gottes ist. Die katholische Kirche hat dies auf mehreren Konzilien (Florentinum 1439, Tridentinum [1545-1563], Vaticanum I [1870-1871]) definiert und auf dem II. Vatikanischen Konzil (1963-1965) erneut bekräftigt. Dabei haben die Konzilien aber nicht zu erklären versucht, wie das Zusammenwirken von Gott und den menschlichen Autoren – in der Fachsprache „Inspiration" (Einhauchung) genannt – im einzelnen näher zu bestimmen ist.
Nirgendwo berufen sich Juden oder Christen darauf, dass die Bibel sozusagen ein direkt vom Himmel gefallenes Buch sei, wie dies der

Gründer der Mormonen, J. Smith (†1805), für die Urschrift des von ihm übersetzten „Book of Mormon“ behauptete. Abgesehen von einzelnen, nicht als protokollarische Notizen zu wertenden Angaben über die Entstehung des Dekalogs (der „Zehn Gebote“; z. B. Ex 20,34; Dtn 5,6-22) und anderer Textstücke (z. B. Offb 2,1.8; 14,13; 19,9) spricht die Bibel zudem an keiner Stelle davon, dass sie ein direkt von Gott geschriebenes oder einem Menschen von Gott diktiertes Buch sei, wie dies die Muslime bis heute für den Koran verteidigen. In der Vergangenheit wurde allerdings die Entstehung der Bibel mitunter auch von Christen als Diktat des Heiligen Geistes aufgefasst und dieses sogar auf jedes Wort bezogen (daher der Name „Verbalinspiration“). Künstlerische Darstellungen der Evangelisten (ins Ohr flüsternde Taube oder Abschreiben von einem aus dem Himmel flatternden Spruchband) haben diese Deutung gefördert. Einzelne Vertreter der sogenannten protestantischen Orthodoxie dehnten im 17. Jahrhundert die Inspiration sogar auf die Vokal- und Satzzeichen aus. Dies war jedoch niemals allgemeine Lehre der Kirchen.

Zu einer näheren Klärung der Inspiration drängte zu Beginn der Neuzeit die Entwicklung der Naturwissenschaft (Kopernikus [†1541], Galilei [†1642]) und in deren Gefolge die Anwendung der wissenschaftlichen Forschungsmethoden auf die Bibel. Folgte nicht aus der göttlichen Urheberschaft, dass die Bibel in allen ihren Aussagen nur die Wahrheit sagen, also keinen Irrtum enthalten konnte? Die Verneinung dieser Frage führte bekanntlich zur Verurteilung von Galileo Galilei; denn dieser bezeichnete die Aussage von Jos 10,12f („Die Sonne blieb also mitten am Himmel stehen und ihr Untergang verzögerte sich ungefähr einen ganzen Tag lang“) als unvereinbar mit seinen astronomischen Forschungen und somit als Irrtum. Infolge dessen kam es zu einer scharfen Frontstellung kirchlicher Kreise gegen die Ergebnisse der neueren Wissenschaft.

Da im Neuen Testament oft Mose, David, Salomon und die Propheten als Verfasser biblischer Schriften genannt werden, wurde ihr Anteil bei der Entstehung der Bibel niemals bestritten. Er trat im Verständnis kirchlicher Lehre jedoch fast völlig hinter den Einfluss Gottes zurück. Dieser bediente sich, so erklärten es noch bis vor einigen Jahrzehnten viele Theologen, der menschlichen Verfasser nach Art eines Instruments (etwa einer Feder, einer Zither oder Harfe) oder nach Art eines Sekretärs, den er zur Niederschrift bei seinem Werk Wort für Wort inspirierte. Da der Anteil Gottes bei der

Abfassung der biblischen Bücher so im Vordergrund stand, schien es undenkbar, dass sich in der Bibel Angaben finden, die nicht in allem der Wahrheit entsprechen. Nach anfänglichen Versuchen, die Wahrheit der Bibel nur auf die religiösen Aussagen einzuschränken (also Angaben über die Natur und die Geschichte auszunehmen), gelang es erst auf dem II. Vatikanischen Konzil, die enge Verquickung der Fragen „Inspiration" und „Irrtumslosigkeit" zu lockern. Dies war deshalb möglich, weil mehr als bisher – aber ganz auf der Linie einer schon längeren Entwicklung – der Anteil der menschlichen Verfasser berücksichtigt wurde. Außerdem trug die vermehrte Kenntnis der verschiedenen literarischen Gattungen (s. u. S. 68f) dazu bei. Wenn die inspirierten Verfasser in menschlicher Weise schrieben, so konnten, ja mussten sie sich der menschlichen Ausdrucksweisen ihrer Umwelt bedienen, um sich verständlich zu machen. Aus einer späteren Sicht mögen etliche ihrer Aussagen nicht mehr dem objektiven Befund in der Natur oder der Geschichte gerecht werden oder sogar „falsch" sein bzw. „Irrtümer" enthalten. Den biblischen Verfassern jedoch kann damit keine Unwahrheit angelastet werden; denn sie bedienten sich der Sprache ihrer Zeit, der die Frage nach „Tatsachen" im Sinne moderner Geschichtswissenschaft fremd war. In der literarischen Form von „Geschichten, die um Geschichte kreisen" (G. Fohrer), versuchten sie, ihren Zeitgenossen die jedes menschliche Begreifen übersteigende Wirklichkeit der Geschichte Gottes mit uns Menschen konkret vor Augen zu stellen. Sie vermittelten in der Sprache ihrer Zeit „die Wahrheit, die Gott um unseres Heiles willen in den heiligen Schriften aufgezeichnet haben wollte" (II. Vatikanisches Konzil, Über die göttliche Offenbarung III,11). Die Bibel ist also „Wort Gottes" in der Sprache von Menschen; sie hat selbst Anteil am Geheimnis der Mensch-werdung Gottes. Bei ihren einzelnen Aussagen ist daher immer, wie weiter unten erläutert wird, zwischen Aussageweise und Aussageabsicht zu unterscheiden.

Neuere theologische Erklärungen der Inspiration

Wie das Zusammenwirken von Gott und Mensch im Einzelnen zu verstehen ist, versuchen Theologen heute auf folgende Weise zu erklären: Gottes Autorschaft darf nicht nach Art einer menschlichen Verfassertätigkeit aufgefasst werden. „Gott" hat die Bibel also nicht wie ein menschlicher Schriftsteller entworfen, formuliert und geschrieben. Für das Verständnis der Inspiration gilt dasselbe, was heute grundsätzlich von der Offenbarung Gottes, wie sie die Bibel bezeugt, angenommen wird. Diese meint nicht die Kundgabe einzelner Wörter oder Sätze aus dem Mund Gottes, sondern die letztlich unbegreifliche, in der Geschichte Israels und in Jesus Christus bezeugte Selbsterschließung dessen, der von jedem Geschöpf unterschieden ist. Wegen des fundamentalen Unterschiedes zwischen jedem menschlichen Sprechen und der Offenbarung Gottes trifft die Bezeichnung „Wort" für letztere nur in einem analogen, übertragenen Sinn zu. Das wurde aber Jahrhunderte hindurch in der Katechese kaum beachtet.

„Gott" hat sich zudem nach der Aussage der Bibel uns Menschen in den Schriften des Alten und Neuen Bundes geoffenbart, und zwar nicht unter Ausschaltung der natürlichen Kräfte der Schriftsteller (Vernunft, Verstand, Phantasie, Sprache, Einflüsse der Umwelt; 1 Petr 1,10-12 heißt es etwa, dass die Propheten „suchten" und „forschten"). Gottes Geist, durch den alles Leben entsteht und erhalten wird, bewirkte, dass die Empfänger seiner Offenbarung diese in ihrer eigenen Geschichte und mittels ihrer menschlichen Kräfte erfuhren und weitergaben. (Hier gilt, ähnlich wie es heute mit Recht für die Wunder Gottes angenommen wird, dass Gott solche Taten durchaus mittels der in der Natur gegebenen Möglichkeiten wirken kann.) Darum ist die Sprache der Propheten die ihrer Zeit und Umwelt; deshalb ist Jesus (unbeschadet seiner Gottheit) „Wort Gottes" als der Mensch aus Nazaret. Eine Abhängigkeit der Propheten, Jesu, der Apostel und Evangelisten von religionsgeschichtlichen Vorstellungen ihres jeweiligen Kulturkreises ist daher niemals ein stichhaltiges Argument gegen die Kennzeichnung ihrer Botschaft als Offenbarung Gottes, sondern kann sogar in mancher Hinsicht zum besseren Verständnis der kirchlichen Botschaft beitragen.

Wenn aber die biblischen Bücher diese Offenbarung Gottes enthalten, verdient auch ihr Inhalt den Namen „Wort Gottes". Entsprechend nannten auch Paulus und Lukas ihre Predigt (1 Thess 2,13) bzw. die urkirchliche Verkündigung (Apg 17,13) „Wort Gottes". Nach alter christlicher Tradition vermittelt der Geist Gottes auch außerhalb Israels und der Kirche Kunde von Gott und Gottes Willen. Klemens von Alexandrien (†216/17) sprach vom *Logos spermatikos*, dem über die ganze Erde verstreuten Wort. Deshalb können – wie es neuere kirchenamtliche Erklärungen belegen – auch die hochgeschätzten Schriften anderer Religionen in einem weiteren Sinn „Wort Gottes" genannt werden. Mit Recht konnte Papst Paul VI. bei seinem Besuch in Indien sagen: „Auch Indien hat seine Propheten".

Außerdem ist hier zu beachten: Die biblischen Schriften *enthalten* nicht nur (wie etwa die kirchliche Verkündigung) die Offenbarung Gottes, sondern *sind* selbst als inspirierte Bücher, die Gott zum Autor haben, in einzigartiger Weise Wort Gottes. Nach alter kirchlicher Tradition gelten außer dem Inhalt der prophetischen Verkündigung, der Botschaft Jesu und der urkirchlichen Christusverkündigung auch die Berichte, Erzählungen und Schilderungen der Geschichte Israels, des Lebens Jesu und der Urkirche als Wort Gottes. Dazu zählen ferner die Loblieder, Bitten, Klagen, ja selbst Flüche und Verwünschungen (z.B. Ps 69,25; 137,9). Wer dies bedenkt, steht vor der Frage: Mit welchem Recht kann dann Gott als der inspirierende Autor dieser – oft sehr menschlichen – Texte bezeichnet werden?

Eine falsche Antwort ergibt sich sicherlich dann, wenn der Anteil der menschlichen Verfasser unterschätzt oder das Zusammenwirken von Gott und Mensch bei der Inspiration der Bibel nach Art von zwei irdischen, gleichwertigen und damit konkurrierenden Größen aufgefasst wird; denn göttliches und menschliches Handeln liegen nicht auf derselben Ebene, kann doch kein Mensch je etwas ohne Gottes Mitwirkung und Hilfe tun. Die verbreitete psychologisierende Lösung, Gott habe jede Äußerung der Bibel direkt beeinflusst, indem er die Verfasser dazu innerlich anregte, dies und nichts anderes zu schreiben, vermag ebenfalls kaum die angedeutete Vielfalt der biblischen Äußerungen zu erklären. Angesichts der mannigfaltigen Quellenschichten innerhalb der Bibel müsste zudem gefragt werden, welcher menschliche Verfasser letztlich für einen heiligen Text mitverantwortlich ist: der, der den Text formulierte, der ihn mündlich tradierte, der ihn erstmals niederschrieb oder der, der ihn redigierte? Die gestellte Frage lässt sich am ehesten auf folgende Weise beantworten.

1. Gott ist in einem wahren, wenn auch analogen Sinn „Verfasser" aller biblischen Bücher, weil sie nach eigener Aussage ihre Existenz seinem Offenbarungshandeln im Alten und Neuen Bund verdanken und dieses als von ihm inspiriertes Wort in einzigartiger Weise zur Sprache bringen. Dies gilt für den Alten und Neuen Bund aber nicht in derselben Weise. Endgültiges, letztes Wort Gottes ist – aus

christlicher Sicht – Jesus Christus als der menschgewordene und von den Toten auferweckte Sohn Gottes und ewige Logos. Sein Leben, Sterben, Auferstehen und Wirken in der Urkirche ist darum Höhepunkt und bleibende Mitte aller Offenbarung. Seine Geschichte wie auch die seiner Auferstehung unmittelbar folgende Wirkungsgeschichte in der apostolischen Zeit ist Zeugnis und Werk des Heiligen Geistes. Paulus kann 2 Kor 3,3 die Gemeinde von Korinth einen „Brief Christi" nennen, den er kraft des Heiligen Geistes schreiben durfte. Mit dem gleichen Recht kann die gesamte Urkirche als „Brief Christi", d. h. als durch den Geist Gottes geschriebenes Wort Gottes gelten. Indem Gott die Kirche Christi stiftete und ihre Anfangszeit in besonderer Weise durch seinen Heiligen Geist führte, können und müssen ihre schriftlichen Urkunden seinem Willen gemäß als an die folgenden Generationen gerichtetes „Wort", ja als Heilige Schrift, gewertet werden. So erkannte und wertete es auch die frühe Kirche, die diese Bücher als „Neues Testament" sammelte.

Gott ist inspirierender „Verfasser" der heiligen Bücher Israels, weil er der Herr der Geschichte Israels ist. Diese führt aus der Sicht des Neuen Testaments auf Jesus Christus hin und findet in ihm ihre Erfüllung. Die Urkirche bewertete die heiligen Schriften Israels als „Altes Testament" (2 Kor 3,14; heutige Exegeten bevorzugen statt dessen oft – aus Rücksicht auf Juden – die Bezeichnung „Erstes Testament"). Damit deutete sie an, dass diese Bücher für Christen nur als durch das Neue Testament eingeholte (erfüllte) und dadurch relativierte Offenbarung Gottes gelten können (vgl. Hebr 8,13). Sie haben für Christen darum einzig vom Neuen Bund aus ihre bleibende Bedeutung und sind daher für Christen immer – unbeschadet ihres Eigenwertes – erst von der Erfüllung in Jesus Christus her voll und ganz zu verstehen. Andererseits bleibt die Christenheit auf die Bücher Israels angewiesen; denn die Geschichte Jesu Christi ist nur von ihrer alttestamentlichen Vorgeschichte und Wurzel her zu verstehen: die Verfasser des Neuen Testaments haben sich sehr eng an die Sprache des Alten Bundes angelehnt, indem sie die Geschichte und Botschaft Jesu von dorther interpretierten und zur Sprache brachten. Durch diese ihre Beziehung zur Fülle der Offenbarung im menschgewordenen Sohn Gottes Jesus Christus unterscheiden sich aus christlicher Sicht die heiligen Schriften Israels von den heiligen Schriften anderer Religionen ebenso wie sich die im Alten Bund vorbereitete Menschwerdung Gottes in Jesus Christus von anderen möglichen Selbstoffenbarungen Gottes in den Weltreligionen unterscheidet.

2. Wie neuere sprachwissenschaftliche, besonders kommunikationstheoretische Arbeiten betonen, ist jeder „Text", ob gesprochen oder geschrieben, immer nur das Mittel (Medium), durch das ein Sprecher (Absender) einem Partner (Empfänger) eine Nachricht übermittelt. Das gesprochene oder geschriebene Wort ist erst dann in vollem Sinn „Wort" des Absenders, wenn es vom Empfänger aufgenommen und verstanden wird. Dieses Schema lässt sich auch auf den einzelnen Schrifttext bzw. auf die ganze Bibel anwenden:

Absender	→	Text	→	Empfänger
Verfasser	→	Text	→	Leser
Gott	→	Bibel	→	Mensch

Auf die Bibel übertragen heißt das: Die Bibel ist erst dann in einem wahren Sinn „Wort Gottes", wenn die biblischen Texte als solches aufgenommen und verstanden werden. Ohne diesen Bezug auf Gott und den hörenden Menschen sind sie nur in einem sehr unvollkommenen Sinn „Wort Gottes", letztlich nur „Buchstabe". Wer diesen bleibenden Bezug der Heiligen Schrift auf Gott beachtet, für den verliert die in der Geschichte Jahrhunderte hindurch bestehende Unschärfe in der Abgrenzung des Kanons der biblischen Bücher an Gewicht.

Außerdem ist der Unterschied zwischen dem gesprochenen und dem geschriebenen Wort zu berücksichtigen. Wird nämlich ein Text schriftlich fixiert, so wird er aus dem lebendigen Zusammenhang des Gesprächs gelöst und erhält eine darüber hinausgehende Bedeutung. Er kann daher auch über das, was sein Verfasser vor Augen hatte, hinaus interpretiert werden und wirken. In diesem Sinn haben die urkirchlichen Schriftsteller jüdischem Brauch gemäß alttestamentliche Texte oft isoliert aufgefasst und ihnen einen neuen Sinn gegeben (vgl. etwa Gal 4,25 ff). Sie taten dies jedoch nicht willkürlich; denn sie lasen die Texte als Worte dessen, der letztlich Urheber und Autor des Alten wie Neuen Bundes ist und ihnen durch seinen Geist den Sinn für die volle Bedeutung des Wortes Gottes erschließt. In diesem Zusammenhang ist daran zu erinnern, dass im Neuen Testament häufiger vom inspirierenden Wirken des Heiligen Geistes im Blick auf den Empfänger der biblischen Botschaft

als auf ihren Ursprung die Rede ist (z. B. 1 Kor 2,10-16; 1 Kor 12,3; Joh 14,17; 16,13f; 1 Joh 4,2-3). Gottes Inspirationswirken endet darum nicht mit der Erstellung der Heiligen Schrift, sondern umgreift auch ihr immer wieder neues Verstehen.
Die hier dargelegte theologische Erklärung der Bibel als inspiriertes „Wort Gottes" in der Sprache von Menschen kann wie jede andere theologische Bemühung nur als ein Versuch gewertet werden, das Geheimnis des Wortes Gottes dem fragenden Menschen von heute ein wenig aufzuhellen und ihn zu einer frohmachenden Antwort hinzuführen. Sie lässt deutlich erkennen, dass zum Verständnis der Bibel heute mehr als früher die Berücksichtigung ihrer zeit- und ortsgebundenen Sprache unerlässlich ist. Sie zeigt allerdings auch, dass die Bibel als Wort Gottes im Neuen Bund engstens mit der Kirche und ihrem Glaubensbekenntnis als „regula fidei" (Glaubensregel) verbunden ist. Ihr volles Verständnis ist darum nur in der Kraft des Geistes möglich, der nach den Aussagen des Neuen Testaments als Geist des Auferstandenen in der ganzen Kirche – nicht bloß in ihren amtlichen Organen – wirkt und in die volle Wahrheit einführt (Joh 16,13). Ein Weg, sich für diesen Geist zu öffnen, ist nach alter christlicher Tradition das Gebet und somit – nach einem Wort von P. Claudel – das Lesen der Bibel „auf den Knien".

Denn die Worte Gottes sind, in menschlicher Sprache ausgedrückt,
in allem menschlicher Rede ähnlich geworden,
wie einst das Wort des ewigen Vaters
durch die Annahme menschlich-schwachen Fleisches
in allem den Menschen ähnlich geworden ist.

II. Vat. Konzil, Über die göttliche Offenbarung III,13

2. Die Bibelwissenschaft – eine unerlässliche Hilfe

Von den Bibelwissenschaftlern werden heute Erklärungen vorgetragen, die von früheren Auslegungen der Schrift beträchtlich abweichen. Demnach wurde z. B. die Welt nicht in sechs Tagen erschaffen, die Frau nicht aus einer Rippe des Mannes gebildet, hat das Paradies niemals in der geschilderten Weise existiert und fand auch der erste Sündenfall nicht in der dargestellten Weise statt. Die Aussagen über die Sintflut, die Arche des Noach, den Turmbau zu Babel und das Leben der Patriarchen werden als volkstümliche Erzählungen oder Sagen gewertet; ähnliches wird auch für die Schilderungen des Auszugs aus Ägypten, die Zeit der Richter und der Könige behauptet. Das Buch Ijob wird als eine großartige Dichtung bezeichnet; Jona soll niemals aus dem Bauch eines Fisches, Daniel und seine Gefährten sollen nicht aus einem glühenden Feuerofen errettet worden sein. Selbst bei der Geburt Jesu, während seines öffentlichen Wirkens (Wunder), bei seinem Sterben und nach seiner Auferstehung soll sich nicht alles so zugetragen haben, wie es auf den ersten Blick hin geschrieben steht, Jahrhunderte hindurch angenommen wurde und heute noch von unbefangenen Lesern aufgefasst wird. Auch viele Worte, die in den Evangelien als Worte Jesu angeführt werden, sollen in dieser Form gar nicht von Jesus selbst während seines öffentlichen Wirkens geäußert worden sein, und Briefe, die bis heute allgemein als Briefe der Apostel Paulus, Petrus, Johannes und Jakobus galten, sollen nicht von diesen stammen.

Angesichts dieser und noch vieler anderer Behauptungen fragen heute nicht wenige Leser der Bibel verwirrt: Stimmt dann das nicht, was in der Bibel steht? Hat die Kirche uns bisher getäuscht? Was ist denn nun wahr? Unbestreitbar hat die Kritik an dem bisherigen Verständnis der Bibel – vor allem in auf Sensation abzielenden Veröffentlichungen – mit dazu beigetragen, dass die Lehren der Kirchen für viele Christen nicht mehr so unverbrüchlich wahr zu sein scheinen. Ihr traditioneller, oft kaum reflektierter Glaube wurde erschüttert. Nicht zuletzt wurden Gebet und Meditation auch dadurch beeinträchtigt. Kein Wunder, wenn viele die neuere Exegese als Gefährdung für den Glauben, ja als Wegbereiter des Abfalls anklagen.

Im Hinblick auf die aufgeworfenen Fragen und Anliegen soll in diesem Kapitel zuerst gezeigt werden, dass es für jeden, der sich und anderen Rechenschaft über den Glauben ablegen will (vgl. 1 Petr 3,15), heute unmöglich ist, von den Ergebnissen der Bibelwissenschaft abzusehen und die Bibel weiterhin unkritisch zu lesen.

2.1 Gründe für die neuere Exegese

2.1.1 Naiv – kritisch

Menschen, die von der modernen Zivilisation kaum beeinflusst sind, stehen wie Kinder sowohl der Natur wie menschlichen Taten und Erzählungen in der Regel unbefangen (naiv) gegenüber. Sie urteilen nach dem Augenschein und nach dem ersten Eindruck, zum Beispiel über das Auf- und Untergehen der Sonne oder über die Wahrheit dessen, was andere berichten. Wenn sie heranreifen und oft bittere Erfahrungen machen, nehmen sie nicht mehr alle Eindrücke und Aussagen naiv hin, sondern unterscheiden zwischen dem ersten Eindruck von der Wirklichkeit und der Wirklichkeit selbst und empfinden die Distanz zwischen einer Aussage und dem damit Ausgesagten; so werden sie „kritisch" (griech. *krinein* = unterscheiden, prüfen) und überprüfen Eindrücke und Nachrichten. Nur wenn der Sprechende eine hohe Autorität besitzt (als Vater, Lehrer, Wissenschaftler), treten kritische Zweifel an der Wahrheit seiner Aussage vorerst mehr oder minder zurück.

naiv:	urteilen nach dem Augenschein und nach dem ersten Eindruck
kritisch:	unterscheiden zwischen erstem Eindruck und dem damit Gemeinten

In einer Welt, deren Gesetzmäßigkeiten nur wenig bekannt waren und der die Bibel unangefochten als Wort Gottes galt, lag es nahe, auch die biblischen Bücher weithin unkritisch zu lesen. Unbefangen verstanden darum viele die beiden Schöpfungsberichte (Gen 1, 1 – 2,4a und 2,4b-25) als Aufzeichnungen über den Hergang der Erschaffung von Himmel und Erde (so auch noch im Koran). Die sogenannten „Geschichtsbücher" des Alten Testaments wurden ebenso wie die Evangelien und die Apostelgeschichte unkritisch als Berichte über den Ablauf der Ereignisse aufgefasst. Wenn man früher am Schluss des Buches Deuteronomium (Dtn 34,1-9) die Anga-

ben über den Tod des Mose las, hatten viele keine Schwierigkeit anzunehmen, Gott habe dem Mose im voraus die Art und Weise seines Sterbens kundgetan, damit er sie vor seinem Tod der Nachwelt aufschreibe.
Allerdings fehlte es auch vor der Moderne nicht ganz an kritischer Einstellung gegenüber biblischen Aussagen. Jesus selbst scheute nach Mk 10,1-11par in der Frage der Ehescheidung nicht davor zurück, die im Buch Deuteronomium (Dtn 24,1-4) erwähnte Erlaubnis zur Ausstellung des Scheidebriefes zu kritisieren. In den Paulusbriefen finden sich Belege dafür, dass der Apostel die wahre Bedeutung der biblischen Texte von einer vordergründigen unterscheidet (z. B. Gal 3,16ff [unter Betonung des Singulars „und seines Nachkommens" statt des Plurals „den Nachkommenden"; da es nur einen, nämlich Christus gibt]). Schon lange vor Beginn der Neuzeit begnügten sich die großen Lehrer der Kirche (z. B. Origenes [†254], Augustinus [†430], Thomas von Aquin [†1274]) nicht mit einer naiven Auslegung der Heiligen Schrift; sie suchten vielmehr den tieferen und volleren Sinn der Aussagen durch eine Methode zu ermitteln, die in der ausgehenden Antike – etwa bei der Erklärung der Epen Homers – verbreitet war, im frühen Judentum geübt wurde und auch im Neuen Testament anzutreffen ist. Nach dieser hat jede Aussage und geschilderte Handlung einen über den Wortlaut hinausgehenden und davon abweichenden „allegorischen" (= anderes aussagenden) Sinn (z. B. bedeuten nach Gal 4,22-31 die beiden Söhne Abrahams – der eine von der Magd, der andere von der Freien – die beiden Testamente; nach Joh 9,7 weist der Teich „*Schiloach*", wie die beigefügte Übersetzung „der Gesandte" anzeigt, auf Christus hin, bei dem der Blinde sich waschen (taufen lassen) muss. Diese Methode führte die Ausleger mitunter zu sehr eigenwilligen, den Text verfremdenden Erklärungen, die von den Reformatoren mit Recht zurückgewiesen wurden und heute allgemein abgelehnt werden (z. B. die Interpretation der Verkleidung der Hände des Patriarchen Jakob in Gen 27,1-29 als Hinweis auf die beiden Naturen Jesu Christi). Bei der allegorischen Schriftauslegung, die an den theologischen Hochschulen des Mittelalters als das wichtigste Fach galt, wurde der real aufgefasste Wortsinn (sensus litteralis) selbst meist nicht in Frage gestellt. Dies änderte sich erst – vorbereitet durch kritische Ansätze in der Spätscholastik, im Humanismus und in der Reformation – zu Beginn der Neuzeit.

2.1.2 Einfluss der Naturwissenschaften

Nach ersten Ansätzen bei Albertus Magnus (†1280) führte die Erforschung der Natur im 17. und 18. Jahrhundert zu einer bis dahin unbekannten Weitung des Horizonts. Charakteristisch dafür ist die Erfindung des Fernrohrs durch Galileo Galilei (†1642). Diese ermöglichte eine Sicht des Firmaments, die bisher unmöglich war und vieles anders sehen ließ, als es mit bloßen Augen wahrgenommen werden konnte. Mehr als bisher wurden viele gegenüber einer naiven Betrachtung der Welt skeptisch. Weite Bereiche des Lebens wurden einer kritischen Überprüfung unterworfen. Dabei gelang es, wichtige Gesetzmäßigkeiten innerhalb der Natur zu beobachten. Diese gestatteten es bald, Ereignisse, die bisher auf außerirdische Kräfte zurückgeführt wurden (z. B. das Auftreten einer Pest, eines Gewitters, Heilung von Krankheiten), rein „natürlich" zu erklären.
Wer mit den Ergebnissen der Naturwissenschaft in Berührung kam, übertrug die dort bewährte Methode der Kritik (nur das gilt als wahr, was einer kritischen Prüfung standhält) auch auf andere Gebiete, selbst auf die Philosophie und die Erforschung der Geschichte. Nachrichten über längst vergangene Ereignisse werden seither kritisch geprüft; die berichteten Geschehnisse werden in Analogie (Entsprechung) zu sonstigen Vorgängen innerhalb der erforschten Welt erklärt (d. h. auf ihre natürlichen Ursachen hin untersucht). Auch die Entstehung von Texten wird in Beziehung zu anderen Vorgängen in der Geschichte interpretiert (z. B. als Mythenbildung, Fälschung oder echte Urkunde). Insofern die aus den Naturwissenschaften übernommene „kritische Methode" auf die Erforschung der Geschichte (Historie) angewandt wurde, nannte man sie „historisch-kritische Methode".
Charakteristisch für diese Zeit, die gewöhnlich als „Epoche der Aufklärung" bezeichnet wird, ist das damals geprägte Wort „Tatsache" als Übersetzung des englischen „matter of fact" (= Sache einer Tat; lat. res facti). Dieses verrät, dass jetzt selbst an geschichtliche, durch den freien Willen des Menschen bedingte „Taten" der Maßstab von vorhandenen, messbaren „Sachen" angelegt wird. Wer heute beim Lesen der Bibel fragt, ob etwas „tatsächlich" geschehen ist („wie es eigentlich gewesen ist", L. von Ranke), gibt schon durch seine Frage zu erkennen, dass er ganz im Banne des neuzeitlichen, naturwissenschaftlichen Denkens steht.
Die wissenschaftliche Untersuchung der Natur und ihrer Gesetz-

mäßigkeiten trug dazu bei, dass sich seit der Aufklärung außerdem die Auffassung von dem, was als „Wirklichkeit" und „wirklich" gilt, änderte. Der durch die Naturwissenschaften erforschbare Bereich lässt sich nämlich gegenständlich – als Objekt – überprüfen. Neue Erfahrungen und Beobachtungen können anhand dessen, was als „objektiv" feststellbar gilt, kontrolliert werden. Was jenseits dieses „positiven" Bereichs liegt, etwa jenseits des Todes und jenseits jeder überprüfbaren Erfahrung (das Transzendente), zählt für den durch die Naturwissenschaften geprägten Menschen nicht mehr in der gleichen Weise zur Wirklichkeit. Mehr als früher empfindet darum heute jeder Leser der Bibel einen großen Unterschied zwischen der positiv feststellbaren irdischen und der unserer Forschung entzogenen überirdischen Welt (z. B. zwischen dem Leben Jesu vor seinem Tod und dem nach seiner Auferstehung). Kaum einer kann sich heute dem Einfluss des neuzeitlichen, kritischen und positivistischen Weltverständnisses entziehen. (Dies gilt für Theologen ebenso wie für Naturwissenschaftler, die sich aber heute mehr als noch vor einigen Jahrzehnten der Grenzen ihres Faches bewusst sind, was allerdings in weiten Kreisen oft nicht beachtet wird.) Es ist (nach H. G. Gadamer) die „geschichtliche" Situation heutiger Leser, die sich von der „geschichtlichen" Situation der biblischen Verfasser unterscheidet.

2.1.3 Die neue Sicht der Welt und der Geschichte

Die naturwissenschaftlichen Erforschungen des Universums führten zu der heute unbestrittenen Erkenntnis, dass die Erde nicht der astronomische Mittelpunkt des Weltalls ist, wie dies in der Bibel, liest man sie unkritisch, vorausgesetzt ist. Paläontologische Funde lehren ferner, dass die Erde (ca. 4,6 Milliarden Jahre) und die Menschheit (ca. 1 bis 2 Millionen Jahre) bedeutend älter sind, als es eine bloße Addierung der Zahlenangaben in der Bibel (Weltschöpfung und Erschaffung des Menschen etwa 4000 Jahre vor Christus) nahe legt. Außerdem lassen sich nicht alle Zahlenangaben des Alten Testaments ohne weiteres mit den soliden Ergebnissen der Archäologie vereinbaren.
Viele Ausgrabungen und Funde des vergangenen Jahrhunderts und der letzten Jahrzehnte werfen schließlich neues Licht auf die Zeit und Umwelt der biblischen Bücher. Die Entdeckung zahlreicher

Handschriften und Texte (Codices, Papyri, Inschriften) sowie die Erforschung bisher unbekannter Schriften (Keilschrift) und Sprachen (Ugarit) gestatten es, die Entstehung und Überlieferung des Urtextes sowie den Hintergrund biblischer Aussagen besser kennen zu lernen. Die Funde von Ras Schamra (an der syrischen Küste, 1929-1939), Nag Hammaddi (in Oberägypten, 1945) und Qumran (am Toten Meer, seit 1947) bieten eine Fülle von Vergleichsmaterial über Sitten, religiöse Vorstellungen und Erwartungen. Bei sorgfältigen Vergleichen stellte sich heraus, dass es auch außerhalb Israels hochstehende religiöse Überlieferungen gab, die mit den Aussagen der Bibel sehr verwandt sind. So gibt es beispielsweise etliche außerbiblische Texte, die den Schöpfungsberichten und den Angaben über die Sintflut in der Bibel auffallend ähnlich sind (z. B. das Gilgamesch-Epos). Auf der Gesetzesstele (Dioritsäule) des Königs Hammurapi (etwa 1700 vor Christus) finden sich Gesetzesvorschriften, die sich mit den biblischen berühren. Bisher nur aus Angaben bei anderen Schriftstellern bekannte Gruppen und Strömungen aus der Zeit des Neuen Testaments (Essener, Gnostiker) können jetzt durch Originalquellen belegt werden. Nicht selten fordern diese Funde, bisher vertraute Vorstellungen von der Geschichte Israels und Jesu zu korrigieren. Sie schärfen zugleich den Blick, auch innerhalb der Bibel Spannungen und gegensätzliche Aussagen zu entdecken.

2.1.4 Neue Perspektiven der Textwissenschaft

Seit einigen Jahrzehnten wenden Philosophen, Sprach- und Literaturwissenschaftler den Eigentümlichkeiten von Sprache und Texten ihre besondere Aufmerksamkeit zu. Gefördert wird dieses Interesse nicht zuletzt durch die Erkenntnisse der Psychologie und Soziologie; denn diese gewähren einen Blick in Gesetzmäßigkeiten, die menschliches Reden, Erzählen und Schreiben bestimmen, ohne dass sich der einzelne des Einflusses seines Unbewussten oder der Gesellschaft bewusst ist. So haben die Erzähler der Bibel oft realistisch klingende Aussagen gemacht, ohne sich dabei der bildhaften Sprechweise bewusst zu sein: etwa bei den zwei unterschiedlichen Schöpfungsberichten. Das gilt auch für viele Erzählungen in der Geschichte der Patriarchen und des Exodus – etwa über den das Volk auf der Wüstenwanderung nach späterer jüdischer Ausdeu-

tung begleitenden wasserspendenden Felsen (vgl. 1 Kor 10,4). Ähnliches gilt für die unterschiedlichen lukanischen Schilderungen der Bekehrung (Apg 9,1-22) bzw. der Berufung des Apostels Paulus (Apg 22,6-16; 26,12-23; s. w. u. S. 66). Dass solche Texte von den Lesern zur Zeit ihrer Abfassung nicht immer „realistisch" im heutigen Sinn aufgefasst wurden, belegt das Nebeneinander unterschiedlicher Angaben. Das schließt nicht aus, dass sie sich auf eine reales Geschehen beziehen.
Die Ergebnisse dieser Forschungen, die zum Teil schon Aufnahme in den Unterricht an den Schulen fanden, werfen auch neues Licht auf Entstehung, Motivation, Absicht, Vokabular, Wirkweisen und Eigentümlichkeiten der verschiedensten Textsorten. Um diese richtig einzuordnen, ist jeweils auf den engeren und weiteren Kontext zu achten, um so z. B. den Unterschied zwischen „informativer" (der Information dienender) und „performativer" (eine Handlung bezweckender oder bewirkender) Ausdrucksweise zu erkennen. Wer Texte aus dieser neuen Perspektive lesen lernt, kann beim Lesen der Bibel nicht mehr davon absehen. Viele biblische Aussagen zum Beispiel, die man früher meist naiv als Information bewertete, kann der kritisch gewordene Leser heute nicht mehr als solche auffassen, so z. B. Jesu Wort: „Aber das Tor, das zum Leben führt, ist eng, und der Weg dahin ist schmal, und nur wenige finden ihn" (Mt 7,14). Ähnliches gilt für seine Aussagen über die Zeichen der Endzeit (Mk 13,23f) und Feuer in der Hölle (Mk 9,48 vgl. Jes 66,24).

2.2 Überblick über die Geschichte der neueren Exegese

Um die Probleme, die heute von den Bibelwissenschaftlern behandelt werden, und die Vielfalt an vorgetragenen Meinungen richtig einzuordnen, ist es hilfreich, wenigstens in einem Abriss die Geschichte der neueren Exegese zu kennen[6]. (Die folgenden Abschnitte können aber auch unabhängig davon gelesen werden.)
Zu den ersten Bemühungen, die historisch-kritische Methode in den Dienst der Bibelauslegung zu stellen, zählt nach zögernden Anfängen bei den Humanisten und Reformatoren (Rückgriff auf den Urtext) neben den scharfsinnigen Erörterungen des jüdischen Philosophen *B. Spinoza* (†1677) das Werk des katholischen Priesters *R. Simon* (1638-1712) aus der Normandie. Durch den Aufweis des geschichts- und zeitgebundenen Charakters der Bibel wollte er

zeigen, dass die protestantische Berufung auf die Bibel allein unhaltbar sei. Da seine Darlegungen aber einflussreichen Katholiken mit dem Glauben unvereinbar erschienen, wurden seine Bücher verboten und er selbst aus der Priesterschaft der Oratorianer ausgeschlossen. In der Folgezeit waren alle katholischen Forscher sehr zurückhaltend. In der Regel beschränkten sie sich darauf, die traditionelle Auslegung zu verteidigen, zumal zahlreiche Behauptungen liberaler (d.h. freier, kirchlich nicht gebundener) Exegeten die Fundamente des christlichen Glaubens erschütterten.

2.2.1 Im Bann von Aufklärung und Rationalismus

Evangelische Christen schätzen die Bibel als einzige Norm des Glaubens (sola scriptura). Durch die historisch-kritische Exegese fühlten sich darum protestantische Gelehrte von Anfang an in einem starken Maß herausgefordert und betrieben sie mit größter Intensität. Dabei standen sie in Deutschland oft unter dem Einfluss der zeitgenössischen Philosophie, die in I. Kant (†1804) und G. W. Fr. Hegel (†1831) ihre einflussreichen Lehrer hatte. So blieb es nicht aus, dass viele protestantische exegetische Arbeiten von einem philosophischen Rationalismus bestimmt wurden, der nur das gelten lässt, was von der ratio (= Vernunft) erkannt und erklärt werden kann. Vor einem solchen Forum der Vernunft können die biblischen Aussagen über ein Eingreifen Gottes in die Geschlossenheit der Welt und Geschichte kaum bestehen. Was die Bibel über Menschwerdung Gottes, Wunder und Auferstehung von den Toten lehrt, kann ihrer Ansicht nach ein aufgeklärter Christ nicht ohne weiteres als „Tatsachen" vertreten (s. o. S. 32f).
Die Reformatoren und besonders ihre Schüler hatten die Inspiration der Bibel durch den Heiligen Geist (s. o. S. 21f) oft so stark betont, dass den menschlichen Verfassern der biblischen Schriften kaum Eigenständigkeit zugebilligt wurde; die neueren Ausleger hingegen fassten die Bibel meist nur mehr als Produkt menschlichen Geistes auf und gaben die Lehre von der Inspiration weithin preis. Mit großer Genauigkeit untersuchten sie die biblischen Texte, entdeckten Abhängigkeiten und Widersprüche und stellten die verschiedensten Hypothesen auf, um die vorgegebenen Angaben vernunftgemäß zu interpretieren. Dabei wurde größter Wert auf die Freilegung der ältesten Quellenschichten gelegt, weil man meinte,

dort der historischen Wahrheit am nächsten zu sein. Durch diese Bibelerklärungen entstand ein Zwiespalt zwischen der Predigt in den Kirchen und dem Glauben des einfachen Mannes („Köhlerglaube") einerseits und den Veröffentlichungen der Wissenschaftler andererseits.

Ein Beispiel dafür bietet die sogenannte *„Leben-Jesu-Forschung"*. Mittels der historisch-kritischen Methode versuchten Wissenschaftler das Leben Jesu zu erforschen, „wie es wirklich gewesen war". Ihre Ergebnisse widersprachen einander, standen aber vor allem ganz im Widerspruch zu dem, was in den Kirchen gepredigt wurde. Dies trat deutlich zutage in der Schrift des jüdischen Orientalisten *H. S. Reimarus* (1694-1768) „Vom Zwecke Jesu und seiner Jünger", die G. E. Lessing nach dessen Tod 1774-1778 herausgab. Danach war Jesus nur ein jüdischer Prediger; die Apostel hätten nach seinem Tod den Leichnam gestohlen und dann den Glauben an die Auferstehung verbreitet. (s. w. u. S. 68) Ähnlich versuchte *H. E. Gottlob Paulus* um 1820 alle Wunder der Evangelien ganz natürlich zu erklären: so seien zum Beispiel alle Toten, die auferweckt wurden, nur scheintot gewesen. In seinem einflussreichen Werk „Das Leben Jesu, kritisch bearbeitet" (1835) deutete *D. F. Strauß* das Evangelium als „Mythos": alte Sagen, Legenden und Hoffnungen (z. B. die Überwindung des Todes) seien auf Jesus übertragen worden. Fast gleichzeitig versuchte *F. Chr. Baur*, die Schriften der Bibel als Erzeugnisse der Auseinandersetzungen zweier urkirchlicher Strömungen (petrinische und paulinische Kirchen) verständlich zu machen. Unter dem Einfluss dieser Veröffentlichungen verfasste der französische, ehemalige katholische Theologiestudent *E. Renan* (†1892) sein „Leben Jesu" als eine romanhaft-sentimentale Biographie des schwärmerischen Naturkindes Jesus, das nicht um die Folgen seiner Lehren wusste, zum idealen Anarchisten wurde und zugrunde ging. *W. Wrede* vertrat 1901 in seinem Werk „Das Messiasgeheimnis in den Evangelien" die These, Jesus habe nicht von sich behauptet, der Messias zu sein, und sei als solcher auch vor seinem Tod nicht bekannt gewesen. Die sogenannten Schweigegebote im Evangelium („Sagt niemandem etwas davon ..." Mk 1,44 und 9,9) sollten nur nachträglich begründen, dass er es doch vorher schon gewesen sei, obwohl es erst später behauptet wurde.

Eine Zusammenstellung all dieser Bemühungen bot der liberale Theologe und spätere Arzt Albert Schweitzer 1906 in seinem Buch „Geschichte der Leben-Jesu-Forschung. Von Reimarus bis Wrede".

A. Schweitzer selbst bot nochmals eine eigene Erklärung: Jesus, ein bloßer Mensch, war unter dem Einfluss spätjüdischer Erwartungen erfüllt von dem Bewusstsein, der „Erwählte“, ja der Messias, zu sein; er glaubte, dass mit der Aussendung der Jünger die Endzeit hereinbrechen werde (Mt 10,23b); als diese aber dann ausblieb, zog er sich zurück und folgerte aus den Worten über das stellvertretende Leiden des Gottesknechtes (Jes 52,13 – 53,12), dass er als Messias leiden müsse; deshalb stellte er sich in Jerusalem dem Gericht und nahm den Opfertod auf sich; erst nach seinem Tod verbreiteten die Apostel den Glauben an die Auferstehung und Wiederkunft Christi.
Nicht alle protestantischen Theologen dieser Epoche teilten die Ansichten ihrer liberalen Kollegen. Außerhalb Deutschlands standen diesen viele – besonders in Skandinavien – bis zum Beginn des 20. Jahrhunderts weithin ablehnend gegenüber. Oft nahmen evangelische Christen Zuflucht zu einem Glauben, der ihrer Meinung nach nicht an die Vernunft gebunden sei, ja im offenen Gegensatz dazu stehen dürfe. Einige verschlossen sich völlig jeder neueren Erkenntnis und hielten am „wörtlichen“ Verständnis der Bibel fest. Dies taten vor allem die Angehörigen verschiedener evangelikaler Gruppierungen, die sich von den Großkirchen absonderten (z. B. die „Adventisten“ und die „Zeugen Jehovas“, die sich auch „ernste Bibelforscher“ nennen).

2.2.2 Vom 19. zum 20. Jahrhundert

Zu Ende des 19. und Beginn des 20. Jahrhunderts änderte sich die Lage der Forschung. Zwar rief 1902 der Vortrag von *F. Delitzsch* (†1928) „Babel und Bibel“ noch den sogenannten „Babel-Bibel-Streit“ hervor, da der Forscher behauptete, das Wesentliche des Alten Testaments finde sich schon in Babylon. Doch kamen die meisten Wissenschaftler im Hinblick auf Quellen, Alter, Gattung und Geschichtsbezug der einzelnen Bücher des Alten Testaments zu anderen weithin übereinstimmenden Lösungen. – Vor allem erwies sich die durch *J. Wellhausen* (†1918) vorgeschlagene Unterscheidung verschiedener Quellenschichten im Pentateuch (fünf Bücher des Mose) grundsätzlich als sehr hilfreich für die Auslegung, mag auch im einzelnen vieles noch problematisch bleiben. Die Beobachtung von *H. Gunkel* (†1932), dass bei der Auslegung der einzelnen Texte auf ihre literarische Form bzw. Gattung und deren

„Sitz im Leben“ (Liturgie, Gesetzgebung) zu achten sei (seither als „formgeschichtliche“ Methode bekannt), ermöglichte es, viele bisher ungelöste Probleme zufriedenstellend zu klären. Die sogenannten beiden „Schöpfungsberichte“ (Gen 1-2,4a; 2,4b-25) wie auch die von den Juden zu den „prophetischen Schriften“ gezählten Geschichtsbücher des Alten Testaments (z. B. 1/2 Samuel; 1/2 Könige; 1/2 Chronik) dürfen demnach nicht mehr als protokollarische Berichterstattung aufgefasst werden; sie gestatten es daher nicht, aus ihnen auf den Hergang der Erschaffung der Welt und den Ablauf der Geschichte zu schließen.

Die furchtbaren Erlebnisse des Ersten Weltkrieges (1914-1918) ließen außerdem den Fortschrittsglauben, den viele Wissenschaftler im Bann der Aufklärung vertreten hatten, fragwürdig erscheinen. Der Ruf des Theologen *K. Barth* (†1968), sich gläubig dem in der Kirche verkündeten Wort Gottes unterzuordnen, fand weithin Zustimmung, ebenso seine Bemerkung im Vorwort zur 2. Auflage des Kommentars zum Römerbrief (1921): „Kritischer müssten mir die Historisch-Kritischen sein“. Allerdings stellten viele Einzeluntersuchungen die Forscher weiterhin vor Probleme, die einmal kritisch gewordene Menschen nicht mehr einfach mit dem Verweis auf den Vorrang des biblischen Wortes übergehen konnten. So erhob sich zum Beispiel analog zu dem heftigen „Babel-Bibel-Streit“ der Alttestamentler auf dem Gebiet des Neuen Testaments die ernste religionswissenschaftliche Frage: Inwieweit ist das Christentum durch die geistigen Strömungen des Judentums, der jüdischen Apokalyptik, des Hellenismus und der Gnosis geprägt worden und davon abhängig? Das heißt: Inwieweit trat an die Stelle der Botschaft des Juden Jesus von Nazaret die davon zu unterscheidende urkirchliche Verkündigung von dem „Erlöser“, „Sohn Gottes“ und „Kyrios“?

Eng damit verbunden ist die durch *R. Bultmann* (†1976) erstmals 1941 vorgetragene und dann später heftig diskutierte Forderung einer *„Entmythologisierung“* des Neuen Testaments. Dogmatische Erwägungen und vor allem formgeschichtliche Untersuchungen – diese Methode wandte Bultmann konsequent auf das Neue Testament an – bestärkten ihn darin, dass es aufgrund der Quellenlage unmöglich sei, Jesu Leben und Lehre historisch zuverlässig zu ermitteln; denn zwischen dem in den Evangelien „verkündigten Christus“ und dem „historischen Jesus“ liege ein unüberbrückbarer Graben. Bultmann folgerte daraus, für den Glaubenden habe einzig das urkirchliche Kerygma (Inhalt der Verkündigung) von Jesus

Christus, „der verkündigte Christus", Bedeutung; die Rückfrage nach dem historischen Jesus entstammt seiner Ansicht nach dem Unglauben. Da nun dieses Kerygma in der Bibel nur in der zeitbedingten Sprache des Mythos vorliege, müsse es davon unterschieden werden. Das in mythologischer Sprache ausgedrückte Kerygma sei also in eine heute verständliche Sprache zu übersetzen.

Es ist kaum möglich, das Anliegen Bultmanns in wenigen Sätzen wiederzugeben, ohne dabei Anlass zu Missverständnissen zu geben. Nach Bultmann wird in der Bibel Gottes Wirken in der den damaligen Menschen geläufigen Redeweise dargestellt, die man mit „Mythos" (wörtlich: Sage, meist auf Göttersagen eingeengt) bezeichnen kann. Im Mythos wird von den Göttern in menschlicher und von den Menschen in göttlicher Weise gesprochen. Der durch die Naturwissenschaften geprägte Mensch kann diese Vorstellungswelt und Sprache nicht mehr nachvollziehen. Soll für ihn die Bibel überhaupt noch Wert haben, so muss er zu verstehen suchen, was mit den Mythen und mythologischen Redeweisen gemeint ist. In Auswertung formgeschichtlicher und religionsgeschichtlicher Untersuchungen der verschiedenen neutestamentlichen Überlieferungsstadien (z. B. palästinensische Urgemeinde, Paulus, Johannes) und mit Hilfe der Existenzphilosophie M. Heideggers versucht Bultmann das „Kerygma" (die eigentliche Verkündigung) zu erschließen. Dieses besteht wesentlich in der Botschaft vom Kreuzestod Jesu, dessen Bedeutsamkeit für uns die Urkirche in der Sprache des Mythos („er ist auferstanden") verkündigte. Die Predigt des Kreuzes Christi fordert von jedem die Preisgabe eines falschen, sündhaften Selbstverständnisses und jeglichen Rühmens über eigene Leistung; statt dessen ruft es auf zu Vertrauen auf die Gnade Gottes und zu einem Glauben, der auf jede Sicherung (etwa durch historische Nachfrage nach Jesus) verzichtet. Bultmann verstand diesbezüglich seine entmythologisierende Bibelinterpretation als eine Radikalisierung der Lehre M. Luthers, dass der Mensch „sola fide" (einzig durch Glauben), also ohne menschliche Leistung das Heil erlange.

Der Widerstand vieler Christen gegen Bultmann richtete sich weniger gegen sein Anliegen als gegen die Art und Weise der „Entmythologisierung"; denn dabei scheint Bultmann wesentlichen Aussagen der Bibel (z. B. über die Auferstehung Christi) nicht gerecht zu werden. Die Diskussion über die „Entmythologisierung" ist nicht zuletzt deshalb so schwierig, weil Bultmanns Exegese engstens mit Fragen der Philosophie verknüpft und keineswegs immer in einer

allgemein verständlichen Terminologie vorgetragen wird. (Schon der Name „Ent-mythologisierung" gibt Anlass zu Missverständnissen; denn es geht Bultmann nicht um eine Ent-fernung des Mythos, sondern um dessen Interpretation.)
Die Forderung Bultmanns, auf eine kritische Rückfrage nach dem historischen Jesus zu verzichten, fand anfangs bei seinen Schülern großen Anklang. Am konsequentesten war *H. Braun* (†1991). Seine radikale Weiterführung des Programms Bultmanns zu einer Auslegung des Neuen Testaments – das Alte Testament wurde dabei völlig außer acht gelassen – führte nach der Ansicht vieler dazu, die Botschaft der Bibel auf die Forderung der Mitmenschlichkeit zu reduzieren. Eine solche rein humanistische und oft als „atheistisch" bezeichnete Interpretation wurde vor allem in den Vereinigten Staaten sehr begrüßt. Sie wurde auch von vielen jungen Interpreten aufgegriffen, denen die Theologie Bultmanns zu subjektivistisch war und zu wenig der politischen Verantwortung entsprach.
Die meisten Schüler Bultmanns fühlen sich seit dem 1953 gehaltenen Vortrag von *E. Käsemann* „Das Problem des historischen Jesus" wieder herausgefordert, in neuer Weise nach dem historischen Jesus zu fragen und zu forschen. Dies bedeutet jedoch keine Neuauflage der Leben-Jesu-Forschung – eine solche bleibt nur populären Veröffentlichungen vorbehalten; denn die Ergebnisse der formgeschichtlichen Untersuchungen, die später noch durch redaktionsgeschichtliche Arbeiten ergänzt wurden, können nicht mehr rückgängig gemacht werden. Auf der Linie dieses neuen Interesses an Jesus liegt auch die von *W. Marxsen* erstmals 1964 vorgetragene und seither besonders in katechetischen Schriften oft wiederholte Deutung der Osterbotschaft als bloßes „Interpretament" dafür, dass „die Sache Jesu" (seine Predigt, wie sie vor allem in der Bergpredigt vorliegt) weitergeht, also auch heute noch gilt. Unter Berufung auf diese und ähnliche Auslegungen des Neuen Testaments wurde die Botschaft Jesu und der Apostel oft in Form eines „Jesuanismus" mehr oder minder auf eine Ethik reduziert und einzig im Hinblick auf eine Veränderung der Welt, die Errichtung der Gottesherrschaft hier auf Erden interpretiert. In populären Schriften wurde Jesus zudem häufig in Verbindung mit politischen Revolutionären gebracht. Der Einfluss des Marxismus ist dabei unverkennbar.
Heftige Kritik an solchen „politischen" Auslegungen des Neuen Testaments wird vor allem von den Forschern geübt, die sich intensiv mit den jüdischen Quellen, nicht zuletzt auch mit den 1947 ent-

deckten Schriften von Qumran beschäftigen. Denn aus diesen geht hervor, wie sehr sich Jesu Auftreten und Lehre von den revolutionären Gruppen seiner Zeit unterscheidet. In vielen Einzeluntersuchungen konnte außerdem gezeigt werden, dass die urkirchliche Verkündigung viel stärker im Judentum verankert ist als es die verbreitete These von den starken hellenistischen Einflüssen der heidenchristlichen Gemeinden auf die urkirchliche Verkündigung („Hellenisierung" der Botschaft) voraussetzt; denn schon das Judentum Palästinas zur Zeit Jesu war von hellenistischen Gedanken durchsetzt. Neuere protestantische Arbeiten greifen im Grunde die alten Themen auf und unterstreichen sie durch viele Einzeluntersuchungen. Nur selten lassen sich heute Exegeten fast ganz im Sinn der liberalen Forschung des 19. Jh. zu radikalen Folgerungen verleiten (so z. B. die unhaltbaren Thesen von *G. Lüdemann.*).
In der zweiten Hälfte des 20. Jahrhunderts tritt zu den textorientierten Ansätzen ein grundsätzlich neuer Blickwinkel hinzu: die Orientierung am Rezipienten durch soziologische, existentiale, feministische und tiefenpsychologische Interpretationsansätze. Daneben tritt die Hermeneutik mehr und mehr in den Mittelpunkt des Interesses (Reflexion über die Voraussetzungen jeder Methode, Berücksichtigung der Wirkungsgeschichte, Stellung und Anordnung der einzelnen biblischen Schriften im Kontext der ganzen Bibel [„canonical approach"]).

2.2.3 Der Beitrag der neueren katholischen Exegese

Seit der Jahrhundertwende stehen die katholischen Exegeten der historisch-kritischen Exegese weithin positiv gegenüber. Die Gründung der École Biblique in Jerusalem (1890) und des Päpstlichen Bibelinstituts in Rom (1909) sowie die meist in der Stille an anderen Hochschulen geleistete Arbeit vieler katholischer Bibliker schufen die Voraussetzung für eine intensive Auseinandersetzung mit den Thesen der internationalen Forschung. Vor allem textkritische, historische und alttestamentliche Untersuchungen standen auf ihrem Programm. Die in der Zeit des Modernismus veröffentlichten Erlasse der Päpstlichen Bibelkommission (besonders 1905-1915) vertraten allerdings meist traditionelle Thesen (z. B. die Ablehnung der „Zwei-Quellen-Theorie [s. u. S. 72f] oder das Festhalten an der Autorschaft der von der Überlieferung genannten Verfasser. Sie

hinderten viele katholische Exegeten jahrelang daran, ihre Forschungsergebnisse zu publizieren.
Einen Wendepunkt bedeutete die 1943 erlassene *Bibelenzyklika Pius XII.* „Divino afflante Spiritu“. In ihr wird erstmals offiziell für das Alte Testament die Berücksichtigung der literarischen Gattungen gefordert. Die am 21.4.1964 veröffentlichte *Instruktion der Päpstlichen Bibelkommission* „Über die geschichtliche Wahrheit der Evangelien“ und die am 18.11.1965 erlassene Konstitution des II. Vatikanischen Konzils „Über die göttliche Offenbarung“ ebneten den Weg dazu, die Methoden der historisch-kritischen Exegese auch bei der Auslegung des Neuen Testaments anzuwenden. Seither nahm die katholische Exegese einen ungeheuren Aufschwung, wie die stattliche Reihe von Veröffentlichungen zeigt (Textausgaben, Übersetzungen, Wörterbücher, Kommentare, Monographien, Zeitschriften). Die katholischen Bibelwissenschaftler stehen heute keineswegs mehr hinter den nichtkatholischen zurück. In vieler Hinsicht arbeiten sie mit ihnen zusammen (z. B. bei der Auswertung der Funde von Qumran und in der Herausgabe gemeinsamer wissenschaftlicher Werke und Kommentare). Dazu hat nicht zuletzt die Untersuchung zu Fragen der Hermeneutik „Wahrheit und Methode“ (1962) von *H.G. Gadamer* (1902-2002) beigetragen[7]. Diese verlangt, bei jeder Auslegung sowohl die „Wirkungsgeschichte der Texte“ als auch „die geschichtliche Situation der Ausleger“ zu berücksichtigen. Die Zugehörigkeit zu einer Konfession stellt seither kaum mehr ein Unterscheidungskriterium dar. Allerdings wissen sich die katholischen Exegeten, wenn auch nicht alle in der gleichen Weise, stärker als ihre evangelischen Kollegen an die Lehre der Kirche gebunden. Dies ist für sie keine Beeinträchtigung der Forschung, wohl aber ein Ansporn, die Grenzen der Exegese zu beachten und neben den Unterschieden und Weiterentwicklungen auch die Kontinuität zwischen neuer und alter Bibelauslegung in der Kirche aufzuzeigen. Diesbezüglich ist die 1993 (2. Auflage 1996) von der Päpstlichen Bibelkommission veröffentlichte Verlautbarung „Die Interpretation der Bibel in der Kirche“ mit einem Vorwort von Johannes Paul II. und einem Geleitwort von Kardinal Josef Ratzinger beachtenswert. In dieser werden außer der historisch-kritischen Methode auch die neueren Methoden im Grunde sehr positiv bewertet (rhetorische, narrative und semantische Analyse). Unmissverständlich wird in den Schlussfolgerungen (I. F.) die Abwertung der neueren Exegese zurückgewiesen.[8]

2.2.4 Ende der historisch-kritischen Exegese?

In den vergangenen Jahren hat unter den Exegeten aller Konfessionen eine starke Besinnung auf die Methoden der eigenen Wissenschaft eingesetzt. Veranlasst wurde diese einmal durch das Unbehagen angesichts der Vielfalt von Lösungsvorschlägen (mittels derselben Methode), zum anderen durch den Einfluss der neueren Sprachwissenschaft (*L. Wittgenstein*, französischer Strukturalismus), der Linguistik (*de Saussure*) und der Humanwissenschaften (Psychologie, Soziologie). Hier und da wird sogar vom „Bankrott" der historisch -kritischen Exegese gesprochen und eine völlige Abkehr von ihr gefordert. Solche negativen Urteile sind meist als Reaktion auf eine sehr einseitige Anwendung der historisch-kritischen Methode und verbunden mit einem angeblich leichteren buchstäblichen Verständnis der Texte zu werten.[9] In anderer Weise faszinieren heute nicht wenige die anregenden tiefenpsychologischen Erklärungen biblischer Texte durch *E. Drewermann*, die aber einer soliden Exegese meist nicht gerecht werden.
Wie wir heute nicht mehr hinter viele Forschungsergebnisse der Naturwissenschaftler (etwa Galileis) und Psychologen (etwa Freuds) zurückgehen können, so vermögen wir auch wichtige und allgemein anerkannte Ergebnisse der historisch-kritischen Exegese nicht mehr außer Acht zu lassen. Die neuesten Diskussionen fordern darum keine Preisgabe der historisch-kritischen Methode, wohl aber eine Besinnung auf ihre Grenzen und auf ihre dienende Funktion (ganz auf der Linie der „trial and error"-Methode des Philosophen *Karl Popper* im Dienst des Wachstums wissenschaftlicher Erkenntnis). In solcher Funktion vermag die historisch-kritische Exegese einen zwar bescheidenen, aber unerlässlichen Dienst zum heutigen Verstehen der Bibel als Grundlage christlicher Hoffnung zu leisten. Das gilt auch im Hinblick auf zwei neuere wichtige Strömungen: 1. Bloß historisches Interesse tritt zurück zugunsten eines neu aufbrechenden religiösen Suchens (z.B. in bibeltheologischen Veröffentlichungen). 2. Die Erfahrung des Antisemitismus und des Holocaust sensibilisiert für den Eigenwert des Alten Testamentes als ersten Teil der christlichen Bibel und für das alte Problem der Einheit von Altem und Neuem Testament.

2.3 Bleibende Erkenntnisse neuerer Exegese

2.3.1 Text und Verfasser

Den verbreiteten Übersetzungen der Bibel liegt heute in der Regel ein *Originaltext* zugrunde, der in jahrzehntelanger Forschungsarbeit erstellt wurde. Die Originalhandschriften der biblischen Bücher sind uns nicht mehr erhalten, ebenso wie wir nicht mehr über die Originale anderer Werke aus dem Altertum verfügen. Doch gestatteten es die vielen Abschriften, die zum Teil aus dem dritten und vierten Jahrhundert und aus ganz verschiedenen Gegenden stammen, den in den Kirchen verbreiteten Text kritisch zu überprüfen. Funde einzelner auf Papyrus geschriebener Texte (zum Teil schon aus dem zweiten Jahrhundert) und die 1947 in Qumran am Toten Meer entdeckten Schriftrollen, die aus der Zeit Jesu stammen, haben diese Forschungen sehr gefördert. (Allerdings wird ein sehr kleines Papyrusfragment, das einzelne Forscher mit einem Evangelientext [Mk 6,52f] identifizieren wollen, von der Mehrheit der Exegeten mit Recht nicht als Parallele zum biblischen Text bewertet.) Kaum ein Bibelwissenschaftler bezweifelt heute, dass der überlieferte Text wesentlich mit den Originalen übereinstimmt. Die Abweichungen in manchen Einzelangaben (sogenannte Textvarianten wie z. B. Joh 5,4; 7,53 – 8,11; Mk 16,9-20; 1 Joh 5,8) sind für die Auslegung sehr aufschlussreich; denn sie spiegeln oft früheste Versuche wieder, dunkle Stellen aufzuhellen. In guten Übersetzungen sind sie in den Anmerkungen angegeben.
Schon die Vielfalt alter Übersetzungen der biblischen Schriften zeigt, dass *Übersetzungen* sich oft eng an den Urtext anlehnen und ihn sozusagen fast Wort für Wort wiedergeben; eine solche Übersetzung verstößt allerdings meist gegen das sprachliche Empfinden, da jede Sprache ihren eigenen Gesetzen folgt; außerdem weisen die einzelnen Wörter nicht in jeder Sprache dieselbe Bedeutungsfülle auf. (Schon in derselben Sprache wechselt im Lauf der Geschichte die Bedeutung einzelner Wörter; z. B. hat „Weib" heute eine andere Bedeutung als vor Jahrhunderten). Viele Übersetzer versuchen darum, den Urtext in einer freien und sinngemäßen Weise wiederzugeben. Oft tun sie es, indem sie den Urtext mit völlig anderen Worten umschreiben (paraphrasieren). Dabei kann es nicht ausbleiben, dass die Übersetzung jeweils nur mehr einen Aspekt des Urtextes erkennen lässt. Jede Übersetzung setzt daher im-

mer schon eine bestimmte Interpretation voraus. Für den Wissenschaftler und Prediger, der den vollen Sinn der Bibel auslegen soll, bleibt darum der Rückgriff auf den Urtext unerlässlich.

Als *Verfasser* der einzelnen biblischen Schriften werden heute nicht mehr allgemein diejenigen angenommen, die innerhalb der Bibel oder von der Tradition angegeben werden. In einigen Büchern (z. B. bei den fünf Büchern des Mose) unterscheiden heute die Fachleute mit guten Gründen verschiedene Quellenschriften, die erst später von einem oder mehreren Verfassern zusammengestellt wurden. Das Buch „Jesaja" umfasst in Kapitel 40-66 Texte, die ebenfalls erst Jahrhunderte nach Jesaja (†701 v. Chr.) geschrieben und später unter dem Namen des Propheten überliefert wurden. (Die Forscher sprechen darum heute bei Jes 40-55 von Deutero[zweiter]-Jesaja und bei 56-66 von Trito[dritter]-Jesaja.) Viele Psalmen aus späterer Zeit werden innerhalb der Bibel als Psalmen Davids bezeichnet, wurden aber zusammen mit anderen von einem späteren Redaktor unter bestimmten Gesichtspunkten zusammengestellt. Ebenso werden dem König Salomo das Jahrhunderte später entstandene Buch der „Weisheit" und andere Bücher zugeschrieben.

Auch im Neuen Testament besagt die Angabe eines Verfassernamens noch nicht, dass die jeweilige Schrift von dem Genannten stammt. Die Namen der vier Evangelisten wurden erst nachträglich von der kirchlichen Überlieferung den Büchern beigefügt. Mit Recht wird heute gefragt, ob die Apostel Matthäus und Johannes zu ihren Verfassern zählen. Der Hebräerbrief, der keinen Namen eines Absenders enthält, wurde früher oft Paulus zugeschrieben, ihm aber auch schon in der Vergangenheit abgesprochen. Selbst Briefe, in denen Paulus (wie z. B. Eph, Kol; 1-2 Tim und Tit), Jakobus, Petrus, Johannes und Judas als Absender genannt werden, dürften nicht alle auf diese zurückgehen. Der zweite Petrusbrief zählt z. B. zu den jüngsten Schriften des Neuen Testaments und wurde wohl erst um 120 n. Chr. verfasst.

Der heutige Leser nimmt leicht daran Anstoß und empfindet es als unwahr, wenn jemand als Verfasser eines Buches genannt wird, das er nicht geschrieben hat. In der Zeit, als die biblischen Bücher entstanden, war dies anders. Das geht aus den vielen biblischen und besonders aus den außerbiblischen Schriften (Apokryphen) hervor, die meist die Verfassernamen bedeutender Persönlichkeiten des Alten oder Neuen Bundes tragen (z. B. Testament der Zwölf Patriarchen, Offenbarung des Henoch, Evangelium des Petrus, Evangelium des Thomas). Als Verfasser galt damals nicht immer nur der, der ein Werk schrieb, sondern vielfach der, dessen Autorität man sich verpflichtet wusste und in dessen Namen es veröffentlicht wurde. Außerdem ist zu beachten, dass sich die Verfasser bei der Niederschrift oft eines Schreibers bedienten, der mitunter stichwortartig angegebene Themen selbständig formulierte und niederschrieb. Der thematische und stilistische Unterschied zwischen den einhellig anerkannten Paulusbriefen (Römer, 1. und 2. Korinther, Galater, Philipper, Philemon, 1. Thessalonicher) und den umstrittenen (Kolosser, Epheser, 2. Thessalonicher) oder dem Apostel Paulus meist abgesprochenen Schreiben (1. und 2. Timotheus, Titus) wird von einzelnen Forschern auf diese Weise erklärt. Nach anderen sind die Unterschiede so groß, dass die späteren Briefe ganz im Sinne der damals üblichen Pseudepigraphie (Angabe eines falschen Namens) lediglich die Autorität des Apostels für sich in Anspruch nehmen. Die Klärung der Verfasserfrage hat für die Geltung dieser Schriften als Wort Gottes kein Gewicht; sie vermag wohl zu helfen, die einzelnen Bücher einer bestimmten Epoche zuzuordnen und so dadurch manche dunkle Stelle aufzuhellen.

2.3.2 Sprache, Ausdrucksweise und Denkweise

Wenn heute über die Verfasser der einzelnen biblischen Bücher anders als früher geurteilt wird, hängt dies nicht zuletzt damit zusammen, dass ein vertieftes Studium biblischer und außerbiblischer Schriften den Blick für den sprachlichen Stil schärfte. In der Profanliteratur tragen bekanntlich stilistische Untersuchungen dazu bei, Werke einzelner Autoren (z. B. J. W. v. Goethe, A. Stifter, B. Brecht, N. Sachs, P. Celan u. a.) besser von denen anderer zu unterscheiden und in ihrer Eigenart zu erfassen. Ebenso gestatten es manche Beobachtungen des in den biblischen Schriften verwendeten Stils (Satzbau, Struktur, Vorliebe für bestimmte Wörter und Wendungen), einzelne Textstücke oder ganze Bücher einem bestimmten Verfasser bzw. Verfasserkreis zuzuschreiben und seine Deutung vorgegebener Überlieferungen näher zu bestimmen (z. B. die Interpretation mosaischer Überlieferungen durch den „Deuteronomisten" [Verfasser der Texte, die weithin im Buch Deuteronomium stehen] oder die Wiedergabe alter Jesusüberlieferungen durch den Evangelisten Lukas). Auf diese Weise wurde es möglich, jüngere sprachliche Formulierungen eines Verfassers als Neuformulierungen („relecture") alter Texte zu erkennen. So sehen z. B. viele in dem Gebot „Du sollst den Herrn, deinen Gott, lieben mit ganzem Herzen, mit ganzer Seele und mit ganzer Kraft" (Dtn 6,4) eine deuteronomische Neuformulierung der Forderung des Dekalogs: „Du sollst keine fremden Götter neben mir haben ..." (Ex 20,2-6). In der Evangelienauslegung führte die Untersuchung der redaktionellen Arbeit des jeweiligen Evangelisten zu sehr aufschlussreichen Ergebnissen.

Bei der Profanliteratur achten wir in der Regel auf die jeweilige literarische Art, derer sich ein Schriftsteller oder Dichter bedient, und unterscheiden, ob es sich um einen Roman, eine Novelle, ein Drama, ein Märchen, ein lyrisches Gedicht oder um exakte Geschichtsschreibung handelt. Bei der Auslegung der biblischen Schriften ist dies in der Vergangenheit oft zu wenig beachtet worden. Ohne auf die Eigenart der sprachlichen Ausdrucksweisen, die verschiedenen Formen (Prosa, Poesie) und Gattungen (z. B. liturgischer Text, Gesetzesvorschrift, Gleichnis, Lehrerzählung) zu achten, wurden die meisten Texte nach Art protokollarischer Berichterstattung oder moderner Geschichtsschreibung aufgefasst. Es war dann schwer, die so verstandenen Texte mit den Erkenntnissen der profanen Geschichtsforschung oder der Naturwissenschaft in Einklang zu bringen.

Die Schilderung der Erschaffung von Himmel und Erde in Gen 1,1 – 2,4 ist bei Berücksichtigung der verschiedenartigen Ausdrucksmöglichkeiten unschwer als eine Textkomposition zu erkennen, die in künstlerisch geformter Sprechweise (Hymnus oder Lehrgedicht) Gott als den Urheber des Alls und den Herrn des Sabbats bekennt. Wer hier Auskunft über die Vorgänge bei der Entstehung der Welt erwartet, missversteht den Text völlig. Dasselbe gilt für die ganz andersartigen, z. T. mit orientalischen Mythen verwandten Erzählungen über die Erschaffung des Adam, seine Versetzung ins Paradies, die Bildung der Frau aus seiner Seite sowie über Paradies und Sündenfall (Gen 2,4 – 3,24). Wie die folgenden Erzählungen über Kain und Abel, Sintflut und Turmbau zu Babel können diese Texte als eine im Blick auf die Zukunft geäußerte Sicht der Vergangenheit gewertet werden. Sie wollen nicht wie eine moderne Berichterstattung über Fakten informieren, sondern die Wirklichkeit des Lebens im Stile literarischer Muster deuten. Sie sprechen über Ursprung und Bestimmung des Menschen und seiner Welt, wie dies auch bei anderen Völkern des Orients üblich war.

Die Angaben über den Auszug aus Ägypten stehen in einer rituellen Anweisung für die alljährliche Feier des Paschafestes (Ex 12). Der Anlage des Textes nach, der ganz verschiedenartige Schilderungen umfasst, geht es also nicht um eine präzise Orientierung über den Hergang des vergangenen Geschehens, sondern um das kultische Gedächtnis der Erlösung aus der Hand der Ägypter. (Bis zum heutigen Tag werden fromme Juden dazu angeleitet, dies so zu feiern, als seien sie selbst dabei anwesend.) Die Nachrichten über die Patriarchen (Gen 12-50) stehen ebenfalls in Büchern, welche die Juden die „Tora" (Weisung, Gesetz) nennen. Dort werden alte Volkserzählungen, populäre Namenserklärungen und Anspielungen auf die Nachbarvölker überliefert, um die Auserwählung Abrahams und seiner Nachkommen in einer Weise darzustellen, die jeden Israeliten inmitten andersgläubiger Völker ansprechen und mit dankbarer Treue zu JHWH, dem Gott Abrahams, Isaaks und Jakobs, erfüllen musste. Die Bücher der Richter und der Könige – in der jüdischen Synagoge zählen diese Bücher zu den „prophetischen Schriften" – schildern die Geschichte als eine eindringliche Weisung, dass Götzendienst zum Verlust der Selbständigkeit und schließlich zum Exil führt. Die Bücher Ijob, Jona, Tobit, Judit, Ester und Rut sind ebenfalls keine „historischen" Schriften, sondern erbauliche Beispielerzählungen, die sich nur zum Teil an historische Ereignisse anlehnen. Sie zeigen aber anschaulich, wie Gott ihrer Ansicht nach handelt und wie die Menschen sich verhalten sollen. Wer sich die literarische Gattung des Buches Jona vor Augen hält, braucht nicht nach der Möglichkeit eines „Wunders" zu fragen, dass ein Mensch drei Tage im Bauch eines Fisches (Bild für Grab und Unterwelt) verweilt und dann an Land gespieen wird. Ihm ist das Buch Jona eine Lehrerzählung, die in ergreifender Weise die Barmherzigkeit Gottes schildert, der allen Menschen nachgeht und sich auch der Menschen erbarmt, die nicht zu seinem auserwählten Volk gehören. Gegen diese Deutung des Buches Jona, wie sie heute allgemein auch von katholischen Exegeten vertreten wird, spricht nicht Jesu Berufung auf das Zeichen des Jona (Mt 12,39-41; 16,4; Lk 11,29f). Jesus kann sich dem Vorstellungshorizont seiner Zeit gemäß auf Jona berufen als auf eine alte, bekannte Gestalt, so wie wir heute auf den „barmherzigen Samariter" oder auf Goethes „Faust" verweisen können, ohne damit etwas über die geschichtliche Existenz dieser Personen auszusagen. (Mt 12,40 steht übrigens „im Bauch des Fisches" parallel zu „im Innern [wörtlich: im Her-

zen] der Erde" als Hinweis auf das dreitägige Verweilen des Menschensohns in der Unterwelt [im Grab]). Wir müssen damit rechnen, dass unbefangene Leser oder Hörer die literarische Gattung anfangs missverstehen. Ein Beispiel dafür ist im Alten Testament die Natanerzählung (2 Sam 12,1-7): David verstand sie zunächst als eine richtige Geschichte, und erst durch die Erklärung des Propheten erkannte er, dass sie ihm als Gleichnis seine Untat enthüllte.
Auf die Darstellungsweise der biblischen Verfasser wirkt sich auch die orientalische *Denkweise der Israeliten* aus. Diese ist, wie Untersuchungen altorientalischer Sprachen zeigen, sehr verschieden von der abendländischen und zumal von unserer heutigen. Typisch dafür ist erstens das gewöhnlich mit „Wahrheit" übersetzte hebräische Wort *emet*. Wir denken dabei in erster Linie an die exakte Übereinstimmung einer Aussage mit der ausgesagten Sache oder den berichteten Ereignissen. Für den Hebräer hingegen bedeutet *emet* (Wahrheit) zunächst Festigkeit, Zuverlässigkeit und dann Treue. Für die „Wahrheit" einer Kunde ist es für den Israeliten weniger wichtig, ob sie das Berichtete in allen Einzelheiten genau wiedergibt, als dass ich mich für meine Lebensgestaltung darauf verlassen kann (im biblischen Sinn von „glauben" [*aman*]; s. o. S. 20)
Von daher ist verständlich, warum die biblischen Verfasser in ihren Berichten über vergangene Ereignisse viel freier sind, als wir es von einem Berichterstatter heute erwarten. Für den Hebräer geht es nicht darum, das vergangene Geschehen genau zu registrieren oder zu rekonstruieren, sondern dessen heilsgeschichtliche Bedeutung für Gegenwart und Zukunft herauszustellen. Unter diesem Gesichtspunkt kann auch ein ausmalender und übertreibender Bericht, der nach heutigen Maßstäben unexakt, ja in Einzelheiten „falsch" und gänzlich erfunden ist, trotzdem „wahr" sein. Manches Missverständnis der Irrtumslosigkeit der Bibel beruht darauf, dass der neuzeitliche Wahrheitsbegriff an Schriften herangetragen wird, die im Geiste des hebräischen Denkens verfasst sind.
An der Sprache selbst lässt sich nach Ansicht vieler noch eine weitere Eigenart orientalischen Denkens aufzeigen: Die hebräische Grammatik kennt keine besonderen Zeitwortformen für Vergangenheit, Gegenwart und Zukunft, wie wir sie in unseren Sprachen vorfinden. Die hebräischen Verbformen bestimmen die Handlung als vollendet und abgeschlossen oder als unvollendet, fortdauernd und werdend. Dieselbe Verbform kann daher je nach Zusammenhang Vergangenheit, Gegenwart oder Zukunft bezeichnen. Dies

deutet an, dass die Hebräer auf das zeitliche Nacheinander in einer Erzählung wohl weniger Gewicht legen. Dazu passt jedenfalls, dass die Evangelisten nicht am genauen Ablauf des Lebens Jesu interessiert sind. Die Worte und Taten Jesu sind in den Evangelien nicht in der zeitlichen Reihenfolge, sondern nach sachlichen Gesichtspunkten ausgewählt und geordnet, damit dem jeweiligen Leser oder Hörer deren Bedeutung klar wird. (Markante Beispiele dafür sind die Geburts- und Osterevangelien).

Im Unterschied zum Griechen ist der Orientale außerdem offensichtlich weniger an dem äußeren Erscheinungsbild interessiert. Der Hebräer charakterisiert einen Gegenstand unter verschiedenen Gesichtspunkten oder eine Person nach ihren Eigenschaften und Verhaltensweisen. Nirgendwo in der Bibel wird zum Beispiel beschrieben, wie Abraham, Mose, Jesus und die Apostel aussahen. Wenn vereinzelt das äußere Aussehen erwähnt wird (Mose beim Herabsteigen vom Berge: Ex 34,30; Jesus auf dem Berg der Verklärung: Mk 9,3; Mt 17,2; Lk 9,29), dann nur deshalb, um die heilsgeschichtliche Bedeutung einer Person hervorzuheben. Auch von der Arche des Noach (Gen 6,14-16) und vom Tempel (1 Kön 6,1-38) wird uns nicht gesagt, wie sie genau aussahen, sondern nur wie sie gebaut wurden.

Schließlich ist für die Denkweise des Hebräers das theozentrische (auf Gott bezogene) Denken charakteristisch. Gott ist für die Menschen der Bibel eine so lebendige Wirklichkeit, dass alles, was im Alltag und in der Umwelt geschieht, direkt auf ihn zurückgeführt wird. Wurde dem Israeliten eine Wohltat zuteil, so dankte er in einem Lobpreis Gott für diese Gabe. Da ihm ein Naturbegriff im Sinne neuzeitlicher Wissenschaft unbekannt war, schrieb er fast jedes Ereignis direkt Gott zu. Gott selbst ist es, der Regen spendet und den Himmel verschließt, er ruft zum Krieg auf und bewirkt als Strafgericht die Niederlage des untreuen Volkes. Wenn der fromme Israelit in die Vergangenheit zurückschaute und zum Beispiel den Auszug aus Ägypten erzählte, entsprach es ganz seiner Art, das rettende Eingreifen Gottes durch Betonung des Außergewöhnlichen und Wunderbaren herauszustreichen. Nur so meinte er oft, über Gottes Handeln in gebührender Weise zu sprechen.

Selbst die für uns so anstößigen Befehle zur Ausrottung der Feinde wurden Gott zugeschrieben, da es im Glaubensverständnis Israels dem Willen Gottes entsprach, das auserwählte Bundesvolk um jeden Preis vor der Gefahr des Götzendienstes zu bewahren. Von hier fällt auch Licht auf die bereits erwähnten „Fluchpsalmen". Im Ganzen der Bibel haben solche Texte nur ihre Bedeutung, insofern in ihnen nach damaligem Empfinden die Treue Israels zu seinem Bundesgott, die Verabscheuung aller Untreue und die endzeitliche Überwindung des Bösen ausgesprochen wird.

Hier ist noch auf eine Eigenart einzugehen, die nicht allein den Israeliten, sondern allen Menschen der ausgehenden Antike eigen war: der *Sinn für Symbole*. Dieser begegnet uns in den vielen Symbolhandlungen der alttestamentlichen Propheten, zum Beispiel im Zerreißen des Mantels (1 Kön 11,29-32); bei der Namensgebung des Sohnes von Jesaja „ein Rest bleibt" (Jes 7,3; 10,20-21); in der Ehe mit einer Dirne (Hos 1-3); in der bildhaften Ankündigung der Belagerung Jerusalems (Ez 4,1-3). Die Visionen der biblischen und außerbiblischen Apokalypsen (wörtl.: Enthüllungen) sind voll von symbolischen Andeutungen. Wie verbreitet das Empfinden für Symbolik von Worten und Taten zur Zeit des Neuen Testaments war, zeigen die Werke des jüdischen Philosophen *Philon von Alexandrien* (†45/50 n. Chr.), der die Bücher des Alten Testaments weithin allegorisch deutete. Daher ist es nicht verwunderlich, wenn auch Paulus sich dieser Auslegungsmethode bediente. Sehr ausgeprägt findet sich der Sinn für Symbolik im Johannesevangelium. Wer dort nur auf den vordergründigen Wortsinn achtet, wie es seit der Aufklärung bis heute meistens geschieht, verkennt an vielen Stellen die Aussageabsicht des Verfassers.

Beispiele dafür, wie verschieden Menschen denken und empfinden können, bieten uns alte und neuere künstlerische Darstellungen. Unter dem einseitigen Einfluss der Renaissance (sie gilt als „klassisch") und im Zeitalter der Photographie steht mancher heute den Darstellungen antiker orientalischer Kunst sowie auch modernen Kunstwerken völlig verständnislos gegenüber. Erst wenn er sich von seinem Vorurteil befreit, es müsse so sein wie auf der Photographie oder bei den Malern der Klassik, gewinnt er Zugang zu diesen Kunstwerken. Um biblische Texte heute nicht falsch zu interpretieren, ist es wie bei der Deutung von Kunstwerken notwendig, vorgefasste Vorstellungen oder Meinungen nicht zum Maßstab ihrer Aussagen zu nehmen.

2.3.3 Zeit- und religionsgeschichtlicher Hintergrund

Die Schriften des Alten Bundes entstanden in einem Volk, das sich zwischen den beiden Großmächten Ägypten und Babylon (Assur, Perserreich) behaupten musste. Maßgebliche Gruppen des Volkes weilten lange Zeit hindurch in Ägypten (zweite Hälfte des 13. Jahrhunderts) und führende Volksschichten Judas Jahrzehnte (587/86-539) in Babel. Sprache, Vorstellungen und Brauchtum wurden durch diese Aufenthalte mitbestimmt. (Der oben erwähnte „Babel-Bibel-Streit" entzündete sich an der Verwandtschaft vieler biblischer Vorstellungen mit denen des Alten Orients.) Außerdem wohnten die Israeliten nach der Landnahme nicht allein in Palästina. Sie mussten sich mit den Lebensgewohnheiten und der Religion der Einwohner von *Kanaan* auseinandersetzen. Manche Gebräuche (z. B. Beschneidung, Feste) übernahmen sie von der einheimischen Bevölkerung und deuteten sie im Sinn des eigenen Glaubens um; andere (z. B. der Kult auf den Höhen, Menschenopfer) übten zwar eine große Anziehungskraft aus, wurden aber von den Propheten strengstens abgelehnt und bekämpft.

Dabei blieb es nicht aus, dass die biblischen Schriftsteller manche Anschauungen ihrer Zeit und Umwelt teilten, zum Beispiel die unbefangene Annahme eines dreistöckigen Weltalls (Erde, Himmel, Unterwelt), die vielfältigen Einzelaussagen über die Mächte, die das Leben der Menschen bedrohen (Dämonen, Satan) oder schützen (Engel), das Fehlen einer sicheren Hoffnung auf das glückliche Fortleben des Menschen nach dem Tod und die Beurteilung menschlichen Handelns (Polygamie, Erlaubtheit der Ehescheidung seitens des Mannes, Billigung von Grausamkeiten im Krieg). Es wäre völlig verkehrt, diese Texte einzig von den heutigen Anschauungen und den Anforderungen des Neuen Testaments aus zu beurteilen. In einer Zeit, da der Gedanke an die Evolution sehr geläufig ist, dürfte es nicht schwer fallen, mit einem Fortschritt der Offenbarung im Lauf der Geschichte zu rechnen.

Die jüngeren Schriften des Alten Bundes verraten den mächtigen Einfluss, den die griechische Kultur in der Form des Hellenismus auch auf Israel ausübte. Während die einen seit dem 2. Jh. mit dieser neuen Strömung sympathisierten, setzten sich andere dagegen sehr energisch zur Wehr. Die Kämpfe im zweiten Jahrhundert vor Christus, in der Zeit der Makkabäer (vgl. 1 und 2 Makk), sind dafür ein Beleg. In der Folgezeit wurden selbst die Nachfahren der Makkabäer durch die Vorzüge der hellenistischen Kultur angezogen und beeinflusst. Nicht zuletzt deshalb sonderten sich fromme Kreise ab, wie zum Beispiel die Essener, deren Schriften in Qumran am Toten Meer entdeckt wurden. Doch weder diese noch vor allem die vielen in der griechisch sprechenden Diaspora lebenden Juden konnten sich ganz dem Einfluss griechischen Denkens entziehen. Die griechische Übersetzung des Alten Testaments (Septuaginta), einzelne Bücher (vor allem das Buch der Weisheit) und außerbiblische Schriften (z. B. der Aristeasbrief) lassen dies erkennen (vgl. die griechische Übersetzung des Namens JHWH [Ich bin der, ich bin da'] mit „ich bin der Seiende" [*egō ho ōn* ... Ex 3,14] oder die Übernahme der Lehre von der unsterblichen Seele [Weish 2,23; 3,1]). Auf die nichtjüdische Bevölkerung des Vorderen Orients machte der von den Juden vertretene Monotheismus und ihre hochstehende Moral einen tiefen Eindruck, so dass sich viele der jüdischen Glaubensgemeinschaft anschlossen (als Gottesfürchtige oder Proselyten). Zur Zeit Jesu gab es schon innerhalb Jerusalems griechisch sprechende Synagogengemeinden, denen die griechisch-hellenistische Denkweise nicht fremd war (vgl. Apg 6,1-6). Für die Auslegung des Neuen Testaments ist dieser frühe Einfluss griechisch-hellenistischen Denkens insofern von Bedeutung, als heute nicht mehr ein solch großer Unterschied zwischen der jüdisch-palästinensischen Urgemeinde und den griechisch-hellenistischen Gemeinden der Diaspora gemacht werden kann, wie dies vor Jahrzehnten üblich war.

Das Judentum, in dem Jesus und seine Jünger beheimatet waren, stand damals in einer harten Auseinandersetzung mit der politischen Weltmacht Rom. Es war nicht zuletzt der politische Druck, der den erhofften Messias als Befreier von der verhassten Fremdherrschaft erwarten ließ. Die Predigt des Täufers, der vermutlich wohl den Kreisen von Qumran nahe stand, trug das ihre dazu bei, eine gewisse endzeitliche Stimmung zu wecken. Revolutionäre Kreise (die Sicarier = Dolchmänner, und später die Zeloten = Eiferer) drängten auf eine gewaltsame Veränderung der Verhältnisse. Die mehr liberal eingestellten Sadduzäer, zu denen die führenden Kreise (Oberpriester und Hohepriester) gehörten, standen diesen Bewegungen völlig ablehnend gegenüber und waren auf Zusammenarbeit mit Rom bedacht. Die Pharisäer lehnten ebenfalls eine gewaltsame Befreiung ab und riefen statt dessen zur Umkehr, zu Werken der Frömmigkeit und zu einer treuen Gesetzesbeobachtung (besonders der Reinheitsvorschriften) auf; denn sie waren überzeugt, die messianische Zeit werde dann anbrechen, wenn alle Israeliten das Gesetz genau befolgten. Ihre Auslegung der Schrift wurde nach der Zerstörung Jerusalems für die meisten Juden bis heute gültig.

Jesus von Nazaret stand zwar in seiner Lehre grundsätzlich den Pharisäern sehr nahe und lehnte wie diese jede gewaltsame Veränderung der Verhältnisse ab. Er unterschied sich aber von ihnen und allen anderen Gruppen – auch von den Anhängern des Täufers –, indem er den Anbruch der Gottesherrschaft mit seinem Auftreten verband, die Tora in machtvoller Weise auslegte (z. B. in der Bergpredigt) und den Anspruch erhob, allen, die sich auf seine Botschaft einließen, selbst den Sündern (dazu zählten damals auch die Kranken), das Heil zuzusagen. Sein kurzes Wirken rief bei den Anhängern wie bei den Gegnern messianische Erwartungen wach, die ihn in Konflikt mit den maßgebenden, vornehmlich sadduzäischen Kreisen brachten und zu seinem Tode führten.

Vermutlich dürften die Jünger erstmals zu Pfingsten den Mut gefunden haben, den gekreuzigten Jesus in Jerusalem öffentlich als den vom Tode auferstandenen Christus zu predigen. Sie schrieben diese Ermutigung dem Wirken des verheißenen Gottesgeistes zu (Apg 2,1-13).[10] Das machtvolle Erscheinen Christi, „Parusie" (Advent, Ankunft) genannt, erwarteten sie für die nächste Zeit und stellten es sich als sein Kommen auf den Wolken vom Himmel her vor. Sie fühlten sich vorerst weiter als Glieder des Volkes Israel und nahmen selbst am Tempelkult teil. Eine Trennung davon erfolgte erst im Lauf der nächsten Jahrzehnte. Sie wurde herausgefordert durch die in Verbindung mit der Heidenmission aufgebrachte heftige Diskussion über die Geltung der Tora für die Heiden, die sich taufen ließen (vgl. z. B. Gal; Röm; Apg 15). Die Spannung zwischen Juden und Christen wurde vor allem nach der Zerstörung des Tempels in Jerusalem und der Vertreibung vieler Juden aus ihrem Land aktuell. Doch verlief der Bruch zwischen Christen und Juden nicht als einheitlicher Prozess, sondern von Gemeinde zu Gemeinde unterschiedlich (selbst nach dem 4. Jahrhundert gab es noch Christen im Verband mit der Synagoge).

Die Wirren des jüdischen Krieges (66-70 n. Chr.) haben auch auf die Überlieferung der Jesus-Tradition eingewirkt und dort teilweise ihren Niederschlag gefunden (z. B. Mk 13,9-20). In der Folge verlagerte sich der Schwerpunkt christlicher Mission und christlichen

Gemeindelebens immer mehr auf die Gebiete außerhalb Palästinas (Syrien: Antiochien; Kleinasien: Ephesus; Griechenland: Korinth; Italien: Rom; Ägypten: Alexandrien). Dort dürfte die Niederschrift der meisten neutestamentlichen Schriften erfolgt sein. Ihre Verfasser haben in erster Linie ihre Gemeinden, die keineswegs einheitlich strukturiert waren, vor Augen und gehen auf die dort aktuellen Fragen ein: Wie war zum Beispiel die Botschaft Jesu und die Verkündigung der Apostel zu verstehen und zu befolgen angesichts des Ausbleibens der Parusie (Parusieverzögerung; vgl. 1 – 2 Thess)? Wie ist das Evangelium zu leben in Gemeinden, die nicht mehr dem Tempelkult und der jüdischen Synagoge verbunden sind und neue Gemeindeordnungen brauchen? Was heißt Christsein inmitten einer Umwelt, die durch hellenistische Kulte (Mysterienkulte) und Sitten geprägt war, wo angesichts des Verlangens nach Weisheit (Sophia) und Erkenntnis (Gnosis) die Botschaft vom Gekreuzigten als Torheit erschien (1 Kor)?
Dieser kurze Überblick über den zeit- und religionsgeschichtlichen Hintergrund der biblischen Schriften muss alle davor bewahren, diese Texte mit den Maßstäben unserer Zeit zu messen und bloß naiv zu lesen. Wer das tut, verschließt sich meistens ihrem Anliegen. Das mag uns nicht immer sofort erkennbar sein und fordert oft unsere Geduld sowie das Eingeständnis unseres Nichtwissens.

> Das schönste Glück des denkenden Menschen ist
> das Erforschliche erforscht zu haben
> und das Unerforschliche ruhig zu verehren.
>
> (J. W. v. Goethe)

2.4 Einfaches Bibellesen heute

2.4.1 Einfaches Bibellesen in der Tradition der Kirche

Die Ausführungen über die Bibelwissenschaft als eine unerlässliche Hilfe für das heutige Verstehen der Bibel zeigen allen, die sich und anderen Rechenschaft „über die Hoffnung in euch“ (d.h. die euch geschenkte Hoffnung) geben wollen, wie wichtig es ist, die Ergebnisse der neueren Exegese zu berücksichtigen. Dasselbe gilt jedoch nicht für jedes Lesen der Bibel im Gottesdienst und zur persönlichen Andacht, wie es seit Jahrhunderten in allen christlichen Kirchen geübt wird. Darauf ist hier wenigstens kurz einzugehen.

Wird die Bibel als Wort Gottes gelesen, das die Glaubenden direkt anredet, dann fällt die historische Distanz zwischen Verfasser und Leser und damit die Notwendigkeit einer historisch-kritischen Auslegung des vor Jahrhunderten geschriebenen Textes nicht immer so schwer ins Gewicht. Dies gilt besonders für das Vorlesen und Hören der Bibel im Gottesdienst, bei Bibelrunden und persönlicher Andacht, ob in der Klosterzelle, in der eigenen Wohnung oder unterwegs. Die geschichtlich geprägten Texte üben bei dieser Vermittlung der Anrede Gottes mehr als sonst nur eine dienende Funktion aus und erhalten ihren vollen Sinn erst beim Lesen in der kirchlichen Gemeinschaft. Der Leser kann daher selbst dann, wenn er – aus der Sicht des Wissenschaftlers – einen Text nur ungenügend oder u. U. gar unzutreffend auffasst, durch diesen von Gott angesprochen werden.

In einem solchen Fall vernimmt der Hörer oder Leser das Wort Gottes, indem er den biblischen Text seinem eigenen Code gemäß oft mehr aufgrund bestimmter Assoziationen als einer exakten Wortanalyse deutet. Die Wahrheit des so vernommenen Gotteswortes hat dann ihren Grund nicht im Wortlaut des einzelnen Abschnittes, sondern im Kontext der ganzen Heiligen Schrift und des kirchlichen Lebens, der den Leseakt wesentlich mitbestimmt. Das Hauptinteresse gilt bei diesem Lesen nicht dem Text als solchem, sondern dem darin – eingebunden in das kirchliche Leben – zu Wort kommenden Herrn. Wo der Glaube an Gott, der auf vielfältige Weise zu den Menschen gesprochen hat und spricht (vgl. Hebr 1,1-3), lebendig ist, fällt es dem von Liebe zu Gott ergriffenen Menschen nicht schwer, in den Wörtern und bildhaften Sätzen der Bibel diesen immer wieder selbst zu vernehmen.

Erfreulicherweise hat das II. Vatikanische Konzil die alte kirchliche Überzeugung von der besonderen Gegenwart des Herrn bei der Verkündigung seines Wortes in der Kirche in Erinnerung gerufen: „Die Kirche hat die Heilige Schrift immer verehrt wie den Herrenleib selbst, weil sie, vor allem in der heiligen Liturgie, vom Tisch des Wortes Gottes wie des Leibes Christi ohne Unterlass das Brot des Lebens nimmt und den Gläubigen reicht." (Vaticanum II, Dei Verbum VI 21) Was dieser Konzilstext über die Anwesenheit des Herrn in seinem Wort bei der Eucharistiefeier sagt, wird altem Brauch gemäß bei der liturgischen Verkündigung des Evangeliums zeichenhaft angedeutet (Prozession, Lichter, Weihrauch, alle stehen auf und akklamieren: „Ehre sei dir, o Herr" – „Lob sei dir, Christus"). Die Gegenwart des Herrn gilt in ähnlicher Weise auch für außerliturgische Versammlungen (vgl. Mt 18,20) und für die persönliche Schriftlesung, wenn sie in kirchlicher Gesinnung und betender Andacht gehalten wird. Der Gedanke daran, dass bei der geistlichen Lesung der Bibel der Herr selbst uns anspricht, ermahnt, sein sündentilgendes Wort zuspricht und zu Glauben, Hoffnung und Liebe ermutigt, sollte in allen Christen eine regelrechte Begeisterung für das Buch der Bücher wecken und sie zum wiederholten Lesen, und sei dies noch so „einfach", anspornen. Dieses schlichte geistliche Hören auf das Wort Gottes darf nicht zuletzt als die Weise gesehen werden, in der sich im Neuen Bund die Verheißung erfüllt, dass alle durch Gott bzw. seinen Geist belehrt werden: „Und alle werden Schüler Gottes sein" (Jes 54,13; vgl. Joh 6,45; Jer 31,3f; 1 Thess 4,9).

> *Ferner gibt es das von der sogenannten Fachexegese viel zu wenig bedachte Phänomen, dass es siebzehnhundert Jahre lang nicht auf ihrem Wege zu einem Verstehen des Textes kam, und dass, was noch mehr wiegt, es auch heute eine in einem geheimnisvollen, abgekürzten Verfahren lebendigen geschichtlichen Verstehens die Sache erreichende Exegese gibt. Es lässt sich nicht leugnen, dass sich auch in einem nicht geklärten, aber faktisch wirksamen Verfahren einer „naiven" Auslegung der Offenbarungsanspruch in seiner Wahrheit nachdrücklich meldet*[11].
>
> *Heinrich Schlier*

Einfaches Lesen der Bibel als „Wort Gottes" im angegeben Sinn ist heute wie früher vor allem deshalb möglich, weil nicht wenige Aussagen in der Heiligen Schrift die existentiellen Fragen, Freuden, Sorgen und Nöte behandeln, die die Menschen jeder Zeit beschäftigen (z. B. Schweigen Gottes, Freude über das Finden von Verlorenem, Not des Kranken, Schuld und Tod). Zahlreiche Worte, Wendungen und Metaphern (z. B. Wüste, Wasser, Brot, Licht, Leben, Hochzeit) haben außerdem über Jahrhunderte hinweg fast überall dieselbe Bedeutung und können daher sehr gut dazu dienen, die Botschaft Gottes zu vermitteln. Vor allem legen biblische Texte (besonders die Psalmen und Gleichnisse) es oft aufgrund ihres allgemein gültigen, typischen oder symbolischen Gehalts nahe, ebenso wie die Worte der Dichter auf andere Personen und Situationen – also auch auf die des Lesers – übertragen zu werden (z. B. Verfolgung, Hungersnot, Vergebung, Trinken des Kelches, Rettung, Blindenheilung, Liebeserweis). Dies gilt besonders für die im Stundengebet der Kirche oft allegorisch – etwa im Blick auf Christus – verwendeten Psalmen.

Bei diesem Umgang mit der Bibel erweisen sich alte und neuere Ratschläge zum existentiellen Verständnis literarischer Texte auch für den Laien als sehr hilfreich. Dazu zählen z. B. das Anstreichen, Abschreiben und Auswendiglernen einzelner Verse oder Abschnitte, außerdem die Berücksichtigung des Zusammenhangs und der Vergleich eines Textes mit anderen (etwa mittels einer Synopse); ferner das Aufdecken von Gemeinsamkeiten zwischen der in der Bibel gezeichneten Situation und der des Lesers, also die Anwendung auf das eigene Leben; schließlich der Versuch einer Antwort im Gebet und besonders im Handeln. In manchen Fällen leisten auch die Methoden für gemeinsames Lesen innerhalb von Gruppen und die dort geübte Reflexion über Selbsterfahrung und persönliche Texterschließung gute Dienste.

Wichtiger jedoch als jede „Technik" sind außer dem Glauben an Gott – ein Gnadengeschenk und zugleich eine bleibende Aufgabe – folgende zwei Voraussetzungen:

Erstens die von Demut, Ehrfurcht und Liebe getragene „Andacht" – ein heute fast vergessenes Wort – des Lesers („Rede, Herr; denn dein Diener hört", 1 Sam 3,10). Dazu gehört das Eingeständnis der eigenen Grenzen und die ständige Bereitschaft, sich belehren zu lassen und sein Leben zu ändern. Solches Lesen und Hören mit dem Herzen („Verleih daher deinem Knecht ein hörendes Herz", 1 Kön 3,9) ist letztlich nur in der Kraft des Heiligen Geistes, des neuen Herzens (Ez 36,26) möglich. Dieses neue Herz befähigt den Leser, als Liebender die Stimme dessen, der die Liebe ist (1 Joh 4,10), zu verstehen und den „geistlichen Sinn" zu vernehmen, auch wenn er den „Buchstaben" nur ungenügend erklären kann.

Zweitens die damit eng verbundene kirchliche Gesinnung. Die Gemeinschaft der Glaubenden, das gemeinsame Suchen und Hören im Raum der Kirche, besonders innerhalb des Gottesdienstes, bewahren den Leser davor, sich in den Texten nur selbst bestätigt zu finden, anstatt sich immer wieder bei der Schriftlesung durch den

Geist des Herrn zur Umkehr rufen zu lassen: „Wer Ohren hat, der höre, was der Geist den Gemeinden sagt" (Offb 2,7). Auch wer die Schrift für sich allein liest, sollte sich immer seiner Bindung an die Kirche bewusst bleiben.

2.4.2 Grenzen einfachen Bibellesens und deren Überwindung

Aus der Eigenart des einfachen kirchlichen Lesens folgt jedoch, dass der Leser das auf diese Weise subjektiv vernommene „Wort Gottes" nicht ohne weiteres als objektive und für andere maßgebliche Bedeutung des Textes geltend machen darf; denn dann verwendet er den biblischen Text nicht mehr gemäß seiner dienenden Funktion und Eingebundenheit in die Anrede Gottes. Auf diese Grenze einfachen Bibellesens macht schon *Theresia von Avila* (†1582) aufmerksam (Die Seelenburg, München [5]1973, 237). Infolge der subjektiven Note des einfachen Hörens auf das Wort Gottes ist daher jegliche (nicht bloß in evangelikalen Gruppen übliche) fundamentalistische Berufung auf Bibelzitate fragwürdig. Man kann damit nicht – wie mit einem Orakelspruch – religiösen, politischen, wirtschaftlichen oder gesellschaftlichen Forderungen Nachdruck verleihen, etwa der Forderung nach Abschaffung der Todesstrafe mit Berufung auf „du sollst nicht töten".

Bei jeder Ermutigung zum einfachen Bibellesen darf schließlich nicht übersehen werden, dass viele Christen unserer Zeit es nicht mehr in der gleichen Weise üben können wie frühere Generationen. Je mehr nämlich jemand als mit den Problemen des Lebens vertrauter Christ die Bibel liest, desto stärker wird bei ihm mit der Zeit das Verlangen, tiefer in sie einzudringen und sie besser kennen zu lernen. Solches Verlangen hängt zunächst mit der Eigenart jedes sprachlichen Textes zusammen: er kann nicht der sprachlichen Kommunikation dienen, ohne selbst eine bestimmte Bedeutung zu haben. Das gilt auch für die Bibel. Obwohl sie nämlich, wie oben dargestellt wurde (15), nicht völlig mit dem Wort Gottes identisch ist, steht sie als geschichtlicher Text in enger Beziehung zu Gottes besonderem Handeln in unserer Geschichte, angefangen von der Berufung Abrahams bis in unsere Zeit. Dieses Heilshandeln hat seinen konkreten und determinierten Höhepunkt in der Menschwerdung des ewigen Logos gefunden, von dem nach alter kirchlicher Überlieferung die ganze Bibel Kunde gibt. „Jede Heilige

Schrift ist ein Buch, und dieses eine Buch ist Jesus Christus" *(Hugo von St. Victor)*. In der Bibel ist daher zu lesen, wer Jesus Christus ist. „Die Schrift nicht kennen, heißt Christus nicht kennen" *(Hieronymus)*.

Um daher die Aussagen des Alten und Neuen Testaments selbst besser zu verstehen, ist das Hindernis der fremden Sprachen soweit wie möglich zu überwinden. Wie groß und berechtigt das Verlangen danach ist, zeigt das Beispiel der kleinen Therese von Lisieux (†1897), die einmal sagte: „Wäre ich Priester geworden, dann hätte ich Hebräisch und Griechisch studiert, um das Wort Gottes so lesen zu können, wie Er sich würdigte, es in menschlicher Sprache auszudrücken."

Da wir heute jedoch in einer geistes- und kulturgeschichtlich anderen Situation als die Verfasser der biblischen Schriften und ihrer ersten Leser leben, reicht eine Kenntnis der biblischen Sprachen bzw. der Besitz guter Übersetzungen allein nicht aus. Empfehlenswert ist darüber hinaus, wie in diesem Buch versucht wird, eine gewisse Kenntnis der damaligen Vorstellungen von der Welt (Himmel, Erde, Unterwelt) und ihrer Entstehung (altorientalische Schöpfungsmythen), des Einflusses verschiedenartiger Mächte auf das menschliche Leben (oft personifiziert gedacht) und der Sicht der Vergangenheit ohne Berücksichtigung der zeitlichen Distanz (deshalb konnten die Evangelisten das vorösterliche und nachösterliche Wirken als eine Einheit betrachten; zwischen ureigenen Worten Jesu und deren nachösterlichen Formulierungen empfanden sie keinen Unterschied). Auch der „einfache" Leser muss heute bedenken, dass uns die Bibel das Wort Gottes immer nur in menschlicher Sprache und Ausdrucksweise vermittelt. So gibt z.B. nicht jedes „Wort des Herrn (JHWHs)" in der Heiligen Schrift einen unmittelbar von Gott ergehenden Befehl (etwa zum Vollzug des „Bannes") oder Ausdruck seiner Erregung (Zorn oder Verlangen nach Rache) wieder; vielmehr handelt es sich dabei um Formulierungen menschlicher Sprecher, die einer Interpretation bedürfen.

Wer heute in seinem Beruf und durch die Teilnahme am geistigen Leben seiner Zeit mit den Erkenntnissen der Archäologie, Biologie, Medizin, Psychologie, Soziologie, Dichtung u. a. konfrontiert wird, kann bei der geistlichen Lesung der Bibel auf die Dauer nicht von diesen absehen. Das ist vor allem dort nicht möglich, wo Christen inmitten einer Diasporasituation leben, wie sie durch die pluralistische Gesellschaftsform heute in den meisten Ländern gegeben ist, und dort Tag um Tag den Vorurteilen über Religion, Gott, die Bibel und die Kirchen begegnen. Sicherlich ist auch heutzutage u. U. noch eine völlig naive Lesung der Bibel möglich, wie z. B. in Gruppen, die nur wenig mit der modernen Zivilisation in Berührung gekommen sind oder sich dieser gegenüber bewusst verschließen. Ideal ist aber eine solche Abkapselung von der Welt und eine so präformierte Weise des Bibellesens nicht. Statt dessen ist möglichst vielen der Erwerb eines Grundwissens über die Eigenart der biblischen Schriften und die sich daraus ergebenden Regeln für die Auslegung zu bieten.

Wichtiger als das Verteilen von Vollbibeln ohne jede Anmerkung, wie es einige Bibelgesellschaften als ihr Ideal ansehen, ist daher die Verbreitung von Bibelausgaben – auch von Auswahlbibeln – mit wenigstens kurzen Einführungen und Erklärungen, die einem Missverständnis vorbeugen und zum echten Erfassen des Textes anleiten. Eine solche Praxis entspricht der alten kirchlichen Tradition, die in ihren liturgischen Büchern jeweils ausgewählte Abschnitte zum Vorlesen bestimmte und durch Responsorien und Gesänge sozusagen kommentierte. Die mitunter anzutreffende Abwertung solcher Auswahl von Texten (wie z. B. im Stundengebet und in den Leseordnungen der Kirchenjahre) beruht meist auf einer unausgesprochenen kritischen Einstellung gegenüber der Kirche. Sie aber ist es schließlich, die als das „Volk Gottes“ allen ihren Gliedern die Heilige Schrift des Alten und Neuen Bundes als das in ihrer Mitte zu lesende Buch anvertraut. Bei dieser Hinführung zum Lesen und Verstehen der Bibel kommt letztlich allen Gliedern der Kirche eine wichtige Aufgabe zu; denn als „Geistliche“ schaffen sie einerseits die „geistliche“ Atmosphäre, die das rechte Verständnis der Bibel mitbestimmt, und helfen andererseits, durch ihre Fragen und Antworten aufgrund eigener Erfahrung den biblischen Text als lebendiges Wort Gottes staunend zu vernehmen.

„Unkenntnis der Schrift ist Unkenntnis Christi“

Hieronymus (†420); In seinem Prolog

3. Testfall Neues Testament

Wir sind nicht wie die übrigen, die keine Hoffnung haben
1 Thess 4,13

Für Christen konkretisiert sich die Frage: „Die Bibel lesen – aber wie?“ heute vor allem bei den Texten des Neuen Testaments. Während christliche Forscher schon seit einem Jahrhundert die Eigenart der atl. Texte beachten (keine Geschichtsberichte, sondern z. T. bildhafte fiktionale Schilderungen und Dichtungen), fiel es bis zum II. Vatikanischen Konzil den meisten Katholiken schwer (einzelnen noch bis heute) mit Entsprechendem auch im Neuen Testament zu rechnen. Im Folgenden soll dies an einzelnen wichtigen Themen aufgezeigt werden, deren rechtes Verständnis für viele heute eine neue, sozusagen „kopernikanische Wende“ voraussetzt.

3.1 „Wenn aber Christus nicht auferstanden ist …" (1 Kor 15,4)

Jesu Auferstehung – das zentrale Datum des Neuen Testaments – wird seit Jahren bekanntlich von vielen Menschen, mitunter auch von Christen, angezweifelt. Das ist nicht ganz neu. Schon der Apostel Paulus musste sich mit Leugnern der Auferstehung des Gekreuzigten in der Gemeinde von Korinth auseinandersetzen (so 1 Kor 15). Er verteidigt sie u. a. mit den Worten: „Wenn aber Christus nicht ‚auferstanden' (nach anderer Übersetzung ‚auferweckt worden') ist, dann ist unsere Verkündigung leer und euer Glaube sinnlos“ (1 Kor 15,14). Für die aus jüdischen Kreisen stammenden Leugner stellte die Nachricht von der Auferweckung eines Gekreuzigten, der als ein von Gott Verfluchter galt, ein „Ärgernis“ dar, das in keiner Weise der Gerechtigkeit Gottes entsprach. Mehr mit dem griechisch-hellenistischen Denken vertraute Leugner sahen eher in der Auferstehung Jesu und der Toten eine „Torheit“, da sie nicht die von den Weisen und Philosophen ihrer Zeit ersehnte Befreiung der unsterblichen, geistigen Seele aus dem Kerker des Leibes brachte. Die frühen Leugner der Auferweckung bzw. Auferstehung Jesu sowie der Auferstehung aller lehnten diese also deshalb ab, weil sie mit den ihnen vertrauten Vorstellungen nicht vereinbar schien. Heute ist das keineswegs völlig anders.

3.1.1 Auferstehung – ein Mysterium

Hier ist als erstes zu bedenken: Die in der Bibel verwendete Ausdrucksweise „auferstanden“ bzw. „auferweckt“ ist nicht eindeutig. Es handelt sich um Tätigkeitsworte, mit denen im Alltag das Aufstehen (von selbst) bzw. das Aufwecken/Aufrichten (durch andere) eines Liegenden oder Schlafenden von einem Lager bezeichnet wird. In Bezug auf Tote kann damit in übertragener, bildhafter Redeweise das Ende eines todesähnlichen Zustandes (Scheintod) oder des wirklichen Todes ausgesprochen werden. Die deutsche Sprache verwendet dafür die Formulierungen „auf*er*stehen“ bzw. „auf*er*wecken“. Diese lassen sich verschieden interpretieren, etwa als Rückkehr des Verstorbenen „von den Toten“, d. h. aus dem Grab bzw. der damals damit oft in eins gesetzten Unterwelt (vgl. Röm 10,7; Hebr 12,20) in unsere Welt oder als Wiederbelebung des Toten durch Einhauchen des Lebensodems bzw. – nach griechischer Vorstellung – seiner Seele. Wie die Prädikation „auferstanden“ / „auferweckt“ in Bezug auf den gekreuzigten Jesus von Nazaret aufzufassen ist, kann demnach nicht einfach aus den Verben, sondern nur aus dem Kontext der Osterverkündigung erschlossen werden.

egeiro:	aufwecken	auferwecken
anhistēmi:	aufrichten	auferwecken durch Gottes Kraft durch Einhauchen des Lebensodems
egeiromai:	aufgeweckt werden, aufwachen	auferstehen
anhistamai:	aufstehen	auferstehen in eigener Kraft durch Wiedervereinigung von Leib und Seele

Auffallenderweise wird die Auferweckung bzw. Auferstehung – beide Ausdrucksweisen sind belegt – des gekreuzigten Jesus von Nazaret im NT niemals geschildert oder gar beschrieben, etwa als Rückkehr des Lebensodems in den Leichnam oder gar als Wiedervereinigung der Seele mit dem Leib – in Anlehnung an die griechische Dichotomie (Unterscheidung) von Seele und Leib als zwei substanzartigen Teilen des einen Menschen.[12] Letztere verbreitete und auf den ersten Blick hin plausibel scheinende Auffassung hat allerdings im NT keinen Anhalt. Eine solche Wiedervereinigung wird an keiner einzigen Stelle so erwähnt.[13]

Aus dieser Einsicht – wie auch immer sie im Einzelnen von Theologen erklärt werden mag – folgt jedenfalls, dass die Auferstehung des gekreuzigten Jesus von Nazaret für uns immer ein Glaubensgeheimnis, ein „Mysterium“ bleibt, über das wir niemals wie über ein innerweltliches Geschehen sprechen können. Daher kann sie auch niemals nach Art eines Vorgangs in unserer Welt bewiesen werden, wie das die kirchliche Apologetik bis in unsere Tage aber voraussetzt. Letztlich darf sie deshalb auch nicht als „Tatsache“ (im strengen Sinn des Wortes) bezeichnet werden [s. o. S. 32f], sondern nur als ein unserem innerweltlichen Forschungsbereich entzogenes Geschehen. Unter Hinweis auf die Etymologie von „Er-eignis“ (< „er-äugen“) hat H. Schlier (ehemaliger Schüler von M. Heidegger) erklärt, dass die jenseits unseres Erfahrungsbereichs erfolgte Auferweckung Christi für uns Menschen erst zu einem „Er-eignis“ wurde, als sie durch die Erscheinungen Christi und die Entdeckung des leeren Grabes in den Bereich unseres Erkennens geriet. Dem entspricht, was viel zu wenig beachtet wird, dass Jesu Auferstehung in der christlichen Kunst erst seit dem Mittelalter dargestellt wird (etwa auf dem Isenheimer Altar), während man sich vorher mit symbolischen Andeutungen begnügte (z. B. findet sich auf alten Sarkophagen in den Katakomben über dem Kreuz, unter dem zwei besiegte Wächter sitzen, öfters das Christusmonogramm „XP“ in einem Lorbeerkranz, von dem sich zwei Tauben [Seelen] nähren).

Gegen eine historizistische Auffassung von der Auferstehung Christi als einem innerweltlich konstatierbaren Geschehen sprechen übrigens auch die unterschiedlichen, letztlich bildhaft gemeinten Zeitangaben: „am dritten Tag“ (1 Kor 15,3; Zitat von Hos 6,2 als Ausdruck für eine große Wende); „nach drei Tagen“ (Mk 8,31) bzw. „bis zum dritten Tag“ (Mt 27,64; vgl. Mt 12,40 „drei Tage und drei Nächte im Herzen der Erde“ wie Jona); nach Joh 3,14.32f wurde der Gekreuzigte sogar schon in der Todesstunde „erhöht“ (vgl. Phil 2,9), wie auch die apokalyptische Schilderung von der Öffnung der Gräber und der Auferstehung Toter in der Todesstunde Jesu (in Mt 27,52f) nahe legt. Ähnliches setzen die alten Darstellungen der „Auferstehung“ (*Anastasis*, fälschlich oft als „Höllenfahrt“ bezeichnet) in den Ostkirchen voraus. Wer unter Berücksichtigung des heutigen Verständnisses von „Zeit“ darüber nachdenkt, dem legt sich der Gedanke nahe, dass in Verbindung mit Jesu Tod und Auferstehung schon für ihn das Ende der Zeit angebrochen ist (s. o. S. 69 zu Joh 20,17). Dem gemäß nehmen heutige Theologen, die für alle mit einer „Auferstehung im Tod" rechnen, an, dass für sie Tod, Auferstehung und Endzeit irgendwie zusammenfallen (s. a. u. S. 81).

3.1.2 „und dass er erschienen ist"

Wenn niemand Jesu Auferstehung gesehen hat, mit welchem Recht kann die Christenheit sie dann als zentrale Wahrheit verkünden? Gemäß den ältesten Angaben im NT kann sie sich dafür mit dem Apostel Paulus auf namentlich oder generell bekannte Zeugen berufen: „und dass er erschien dem Kephas, dann den Zwölf ... darauf über 500 Brüdern auf einmal ... dann Jakobus und allen Aposteln ... als letztem von allen ... auch mir" (1 Kor 15,5-8). Das gewöhnlich mit „erschien" wiedergegebene Wort *ophthe* kann auch übersetzt werden mit „wurde gesehen" bzw. „gab sich zu erkennen"[14]. Kurz vorher hatte Paulus sich schon zu denen gezählt, die den Auferstandenen „gesehen" haben (1 Kor 9,1). Mit anderen Worten nimmt der Apostel auf diese Erfahrung Bezug, wenn er auf die „überragende Erkenntnis Christi Jesu, meines Herrn" als Grund für seine Bekehrung verweist (Phil 3, 8). Dieselbe Erfahrung gibt er im Rückblick auf sein Leben mit den Worten wieder, dass es Gott, der ihn zur Verkündigung des Evangeliums bei den Heiden berief, gefallen hat, „in mir seinen Sohn zu offenbaren" (Gal 1,15f). Schließlich umschreibt er diese außergewöhnliche Erfahrung als ein ihm von Gott geschenktes Erleuchten „in unseren Herzen zur hellen Erkenntnis der Herrlichkeit Gottes auf dem Antlitz Christi" (2 Kor 4,6).

„erschien"
„gesehen"
„offenbarte in mir"
„überragende Erkenntnis"
„Erleuchten in unseren Herzen"

Diese kurzen bildhaften Angaben in der geläufigen Sprechweise der Bibel, welche hier aber jeweils einen besonderen Akzent erhalten, sind zu unterscheiden von den ca. 20-30 Jahre später formulierten Schilderungen des Verfassers der Apostelgeschichte, der den

Osterglauben mit neuen sprachlichen Mitteln zu festigen sucht. Er erzählt nämlich dreimal anschaulich die Erfahrung des Paulus auf je unterschiedliche, durch den Kontext geprägte Weise: als Bekehrung (Apg 9,3-22) und als Berufung (22,3-21 sowie 26,12-20). Auf der Linie dieser jüngeren Erzählungen der Erscheinung des Auferstandenen vor Paulus liegen auch die Schilderungen in den Evangelien: die Erscheinung vor den vom Grab weg eilenden Frauen (Mt 28,9-10) und vor Maria von Magdala (Joh 20,11-18), die Begegnung mit den Jüngern auf dem Weg nach Emmaus und das Mahl ebendort (Lk 24,13-33), die fast handgreiflich fassbare Erscheinung vor allen Jüngern am Osterabend in Jerusalem (Lk 24,36-49) mit der anschließenden Schilderung der Himmelfahrt am Osterabend (Lk 24,5-53) im Unterschied zu der vom selben Verfasser teilweise divergierend geschilderten Himmelfahrt nach 40 Tagen (Apg 1,9-11). Ganz anders gestaltet als bei Lk 24,36-49 ist die Erzählung derselben Erscheinung am Osterabend im Johannesevangelium (Joh 20, 19-23) samt der acht Tage später stattfindenden Erscheinung vor Thomas als erstem Abschluss des vierten Evangeliums (Joh 20, 24-31). Zu erwähnen sind noch die kurze Notiz der Erscheinung vor den Zwölf auf dem Berg in Galiläa (Mt 28,16ff) und die ausführliche, fast surrealistisch anmutende Schilderung der Erscheinung vor Simon Petrus und einigen anderen Jüngern am See von Tiberias im Nachtragskapitel Joh 21. Die Zusammenschau der Osterereignisse in dem wesentlich jüngeren Schluss des Markusevangeliums (Mk 16,9-20), der nicht zum kanonischen Text des NT zählt, verrät z. T. schon die späteren Versuche, die unterschiedlichen und widersprüchlich scheinenden Angaben der einzelnen Osterevangelien unter Missachtung ihrer theologisch geprägten, bildhaften und legendären Ausdrucksweise zu harmonisieren, wie dies bis vor einigen Jahren im katholischen Bibelunterricht üblich war. Im Blick auf die biblisch unhaltbaren, fundamentalistischen Deutungen der – als Berichte – einander widersprechenden Osterevangelien sagte einmal der französische Philosoph Jean Guitton: „Wären in dem Raum, wo Jesus den Jüngern nach Ostern erschienen ist, auch Pilatus und Flavius Josephus anwesend gewesen, so hätten diese nichts gesehen außer die erstaunten Gesichter der Jünger." Wir müssen heute angesichts der Ergebnisse der neueren Exegese eingestehen, dass wir den Hergang der Erscheinungen wie auch der Auferstehung Jesu nicht mehr historisch rekonstruieren können, ohne aber damit ihre Verankerung in der Geschichte zu bestreiten.[15]

3.1.3 War das Grab Jesu nicht leer?

Jahrhunderte hindurch galten die Grabeserzählungen für Christen gleichsam als Beweise für Jesu Auferstehung von den Toten. Dabei ist allerdings zu beachten, dass man vor der Neuzeit diese Texte keineswegs als strikte „Beweise“ im Sinn der späteren Geschichtswissenschaft auffasste (s.o. S. 36). In der Zeit der Aufklärung erregte deshalb der Orientalist S. Reimarus mit seinen erst posthum von G. E. Lessing (s.o. S. 37) veröffentlichten Darlegungen großes Aufsehen und Ärgernis. Die als Berichte gewerteten Grabesgeschichten sind seiner Meinung nach so unterschiedlich und z. T. widersprüchlich, dass sie keinesfalls als Beweise für die Auferstehung Jesu in Frage kommen. Sie gehen für Reimarus offensichtlich auf einen Betrug der Jünger zurück, die den Leichnam Jesu gestohlen hatten, um seine Auferstehung verkünden zu können (vgl. schon die polemische Gegendarstellung Mt 28,11-15). Diese scharfe, mit Unterstellungen verbundene Kritik zwang in der Folgezeit dazu, die Eigenart der Grabesgeschichten wie auch der Erscheinungserzählungen stärker zu beachten.

Bei näherer Betrachtung lassen sich die kritisierten Unterschiede und scheinbaren Widersprüche in der Tat nicht alle bestreiten. Sie haben ihren Grund jedoch nicht in einem Betrug, sondern im Bemühen der Tradenten und Evangelisten, die Osterbotschaft in der Sprache ihrer Zeit erzählerisch als glaubwürdig zu bezeugen: nicht als einen von den Jüngern nach dem Diebstahl des Leichnams in Umlauf gesetzten Betrug (Mt 28,13-15), sondern als machtvolle Tat Gottes, wie sie der Evangelist Matthäus in der Erzählung vom „Engel des Herrn“ anschaulich darbietet: Dieser steigt vom Himmel herab, wälzt den Stein vom Grabe weg, setzt sich triumphierend darauf und verkündet – unterstützt durch ein Erdbeben – als Bote Gottes den Frauen souverän die Osterbotschaft (Mt 28,1-7). Die ganz andersartige Schilderung des Evangelisten Markus versucht hingegen aufzuzeigen, dass die Osterbotschaft keine Erfindung von Frauen ist. Diese reagieren nämlich auf die Botschaft eines „jungen Mannes in leuchtendem Gewand“, der im Grab auf der rechten Seite sitzt, indem sie sogleich vom Grab weg fliehen und niemandem etwas sagen (Mk 16,1-8). Nach der ganz im Stil des dritten Evangelisten erzählten lukanischen Grabesgeschichte erinnern hingegen zwei „Männer“ (als himmlische Boten) die Frauen daran, dass Jesus ihnen schon in Galiläa seine Auferstehung vorausgesagt hat; die gleichsam wie Schüler belehrten Frauen eilen dann zu den Jüngern, stoßen aber dort auf Unverständnis (Lk 24,1-11). Der Verfasser von Joh 20 nimmt in der Wiedergabe der Grabesüberlieferung aus seiner Sicht Bezug auf die Auseinandersetzung um die Stellung des Simon Petrus und des Geliebten Jüngers in der Urkirche bzw. in der johanneischen Gemeinde. Er schildert, wie beide auf die Nachricht der Maria von Magdala hin zum Grabe Jesu eilen, es leer vorfinden und staunend (so Petrus) bzw. glaubend (so der geliebte Jünger) zu den übrigen Jüngern zurückkehren (Joh 20,1-10). Inzwischen erscheint Jesus der Maria von Magdala als erster von allen, gibt sich ihr zu erkennen und sendet sie zu den Jüngern, um diesen die theologisch tiefsinnig umgeprägte Osterbotschaft zu verkünden: „Ich steige auf zu meinem Gott und zu eurem Gott, zu meinem Vater und zu eurem Vater" (Joh 20,17; Jesu Auferstehung ist aus dieser Sicht gleichsam noch im Vollzug). Die vier Grabeserzählungen sind also keine „Berichte" im heutigen Sinn, aber auch keine Erfindung von Jüngern. Sie sind vielmehr mit Gemälden bzw. Dichtungen verwandte Texte, die nicht der präzisen historischen Information dienen („wie es eigentlich gewesen ist", L. v. Ranke), sondern je auf ihre Weise durch die Art ihrer Erzählung zum Glauben an die Osterbotschaft bewegen wollen.

Für heutige Leser ergibt sich dann noch das Problem: War Jesu Grab denn überhaupt leer? Viele Forscher verneinen diese Frage mit dem Hinweis, dass die nur in den Evangelien und in der Apostelgeschichte belegten Grabesgeschichten erst aus jüngerer Zeit (etwa nach 70) und vermutlich von außerhalb Palästinas stammen; die ältesten Zeugnisse (die Paulusbriefe) nehmen darauf nämlich keinen Bezug und argumentieren auch bei der Verteidigung der Auferstehung Jesu und der Toten nicht damit. Andere hingegen bejahen die Frage und vertreten die Ansicht: Die Osterbotschaft hätte sich in Jerusalem wohl kaum einige Tage halten können, wenn Jesu Grab nicht leer gewesen wäre. Sie müssen aber zugestehen, dass das Fehlen von Jesu Leichnam im Grab keine unbedingte Voraussetzung für seine Auferstehung ist und somit heute auch nicht mehr als „Beweis" für seine Auferstehung dienen kann. – Jedenfalls sind die Erzählungen vom leeren Grab bzw. die Nachrichten davon allen Lesern ein „Zeichen" (so H. Schlier), das zum Nachdenken über die nur in bildhafter Sprache vermittelbare Osterbotschaft anregt und damit zugleich auch über unsere Auferstehung von den Toten, die jegliche Vorstellungskraft stets übersteigt.

Die hier dargelegte Erklärung der bildhaften Aussagen über das zentrale Glaubensthema mag manchen heutigen Lesern der Bibel fremd scheinen. Sie fordert von ihnen mitunter eine Preisgabe altgewohnter (sozusagen „vorkopernikanischer“) und vertrauter Vorstellungen. Diese Auslegung der biblischen Osterbotschaft beansprucht nicht, alle Fragen zu beantworten und in jedem Punkt die absolute Wahrheit auszusprechen – das vermag im Grunde kein Wissenschaftler; wohl aber ist sie ehrlich bemüht, vom heutigen Stand des Wissens her – auch mit Hilfe von Hypothesen – der Wahrheit zu dienen und allen zu helfen, in aufrichtiger Weise der Osterbotschaft und damit der Hoffnung auf unsere eigene Auferstehung Glauben zu schenken, d. h. sich glaubend – nicht vordergründig alles wissend – darauf einzulassen. Das rechte Verstehen der biblischen Zeugnisse für Jesu Auferstehung ist sozusagen ein Musterbeispiel dafür, wie wir heute die Bibel lesen und glaubwürdig bezeugen können.

> Denn dieses Vergängliche muss sich mit Unvergänglichkeit bekleiden
> und dieses Sterbliche mit Unsterblichkeit.
> Wenn sich aber dieses Vergängliche mit Unvergänglichkeit bekleidet
> und dieses Sterbliche mit Unsterblichkeit,
> dann erfüllt sich das Wort der Schrift:
> Verschlungen ist der Tod vom Sieg.
> Tod, wo ist dein Sieg? Tod, wo ist dein Stachel?
> ...
>
> Gott aber sei Dank,
> der uns den Sieg geschenkt hat durch unseren Herrn Jesus Christus.
> Daher, geliebte Brüder, seid standhaft und unerschütterlich,
> nehmt immer eifriger am Werk des Herrn teil,
> und denkt daran, dass im Herrn eure Mühe nicht vergeblich ist.

1 Kor 15,53-58

3.2 Verdienen die Evangelien noch Glauben?

Die heutige Hinführung zum Glauben an den Auferstandenen und die dabei zugrunde gelegte bildhafte Interpretation der Osterevangelien stellt viele vor die Frage: Wie steht es aber dann um die Glaubwürdigkeit der Evangelien insgesamt? Auf dem II. Vatikanischen Konzil kam es darüber zu heftigen Auseinandersetzungen; denn letztlich geht es darum, inwieweit die für jeden Christen grundlegenden Aussagen über Jesu Leben, Wirken, Lehren und die Verkündigung seiner Auferstehung glaubwürdig sind. Die Konzilskonstitution „Über die göttliche Offenbarung" (Art. 19) und noch deutlicher die 1964 veröffentlichte Unterweisung der Päpstlichen Bibelkommission „Über die historische Wahrheit der Evangelien" geben darauf eine sehr hilfreiche Antwort. Sie greifen wichtige, von den meisten Auslegern des Neuen Testaments heute vertretene Forschungsergebnisse auf und mahnen, bei der Erklärung der Evangelien „genau auf die drei Zeiten der Überlieferung zu achten, in welchen Lehre und Leben Jesu auf uns gekommen sind": Es sind dies erstens Jesu Leben und Wirken, zweitens die Verkündigung der Apostel und drittens die Tätigkeit der Evangelisten. Was mit den „drei Zeiten der Überlieferung" gemeint ist – Bibelwissenschaftler sprechen öfter vom dreifachen „Sitz im Leben" –, lässt sich am leichtesten erfassen, wenn zunächst die schriftstellerische Tätigkeit der Evangelisten und erst dann die beiden vorausgehenden Stadien betrachtet werden.

Drei Zeiten der Überlieferung:
1. Jesu Leben und Wirken
2. Verkündigung von Jesu Tod und Auferstehung durch die Apostel
3. Tätigkeit der Evangelisten

3.2.1 Schriftstellerische Tätigkeit der Evangelisten

Die vier Evangelien sind nicht am Schreibtisch eines Presseberichterstatters bzw. im Studierzimmer eines Historikers des 19. oder 20. Jahrhunderts entstanden. Sie gehen auf die Evangelisten zurück, die auch Verfasser oder Redaktoren (allerdings nicht im Sinn eines modernen Redakteurs) genannt werden. In ihrer vorliegenden Fassung

wurden die Evangelien – nach der heute fast allgemein vertretenen Ansicht – gegen Ende des ersten Jahrhunderts niedergeschrieben, das Markusevangelium etwa um das Jahr 70, das Lukas- und Matthäusevangelium etwa zwischen 80 und 90 und das Johannesevangelium zwischen 90 und 100, also alle rund 40-70 Jahre nach dem Tod Jesu. (Mit unserer Zeit verglichen wäre das so, wie wenn jemand heute über die Ereignisse der Jahre 1938ff schreibt.)
Nun waren Markus und Lukas sicher keine Augenzeugen dessen, was sie berichten. Lukas schreibt in seinem Vorwort ausdrücklich, dass er bereits vorhandene Quellen benutzt hat (Lk 1,1-4). Dasselbe gilt auch, wie nicht bestritten wird, für das Markusevangelium. Nach der Auffassung der meisten Forscher trifft das ebenfalls auf das Mathäusevangelium zu. Dies ist nämlich in weitem Maß wörtlich vom Markusevangelium abhängig, was sich mit der Annahme eines Apostels als Verfasser kaum vereinbaren lässt. Selbst das Johannesevangelium stammt sehr wahrscheinlich nicht (zumindest nicht unmittelbar) von einem Augenzeugen; denn dazu passt nicht – im Vergleich mit den Synoptikern – die sehr freie Wiedergabe der Worte und Taten Jesu. Außerdem bleiben wesentliche Episoden aus dem Leben des Zebedaiden Johannes, der seit dem dritten Jahrhundert als Verfasser genannt wird, unerwähnt.
Alle vier Evangelisten waren demnach offensichtlich für die Niederschrift ihrer Bücher auf Quellen angewiesen. Für Matthäus und Lukas lässt sich unschwer die literarische Abhängigkeit vom Markusevangelium aufzeigen. Da beide außerdem noch in vielen Abschnitten, die bei Markus fehlen, untereinander wörtlich übereinstimmen, rechnen die meisten Exegeten mit einer anderen schriftlichen Quelle, die schlicht „Q" oder „Logienquelle" genannt wird. (Unter Wissenschaftlern ist diese Erklärung als „Zweiquellentheorie" bekannt.) Für die bei Matthäus und Lukas ohne jede Parallelen stehenden Abschnitte wird schließlich noch sogenanntes „Sondergut" als mündliche oder schriftliche Quelle (SMt – SLk) angenommen. Schematisch lässt sich dies so darstellen:

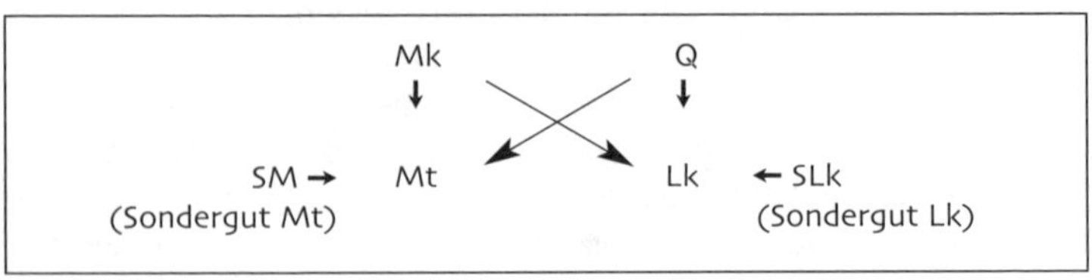

Da für das älteste Evangelium (Mk) keine Möglichkeit besteht, es mit einer schriftlichen Vorlage zu vergleichen, können seine Quellen nur hypothetisch aufgrund von Spannungen im Text erschlossen werden. Im Johannesevangelium deuten nicht wenige Spannungen innerhalb der Wiedergabe der Wunderberichte („Zeichen") auf eine sogenannte „Zeichenquelle" hin. Andere rechnen noch mit einer „Redenquelle" sowie Vorlagen für den Prolog und den Passionsbericht. Inwieweit der vierte Evangelist die anderen Evangelien, besonders das Lukasevangelium, gekannt hat, ist bis heute umstritten. Wenn die frühe Christenheit die Abfassung der Evangelien auf Apostel (Matthäus, Johannes) oder auf Schüler der Apostel (Markus, Lukas) zurückführte, so wollte sie damit die Apostolizität dieser Schriften betonen. Dabei ist das oben (s. o. S. 45f) über den damaligen Begriff eines Verfassers Dargelegte zu berücksichtigen.

Im Vorwort zu seinem Evangelium gibt Lukas an, er wolle alles genau, der Reihe nach aufschreiben (Lk 1,3). Damit ist keineswegs an eine exakte chronologische Reihenfolge gedacht, wie ein Vergleich der lukanischen Darbietung mit der des Markus lehrt. Es schließt auch nicht aus, dass Lukas mit einer gewissen Eigenständigkeit ans Werk gegangen ist, wie es damals auch bei anderen Schriftstellern üblich war. (Als Beispiel sei auf die freie Schilderung der jüdischen Geschichte durch Flavius Josephus [† nach 100] hingewiesen, obwohl er sich dafür einzig auf die Schriften des Alten Bundes beruft.) Bei näherer Betrachtung der Evangelien lässt sich unschwer feststellen, dass jeder Verfasser eines Evangeliums einen besonderen Leserkreis ansprechen wollte und sich in Sprache und Darlegungsweise darauf einstellte. Unter diesem Gesichtspunkt hat er als Redaktor das ihm zur Verfügung stehende Quellenmaterial geordnet, gekürzt oder ergänzt. Er hat ihm damit jeweils eine eigene Deutung gegeben.

So kommt es *Markus* darauf an, dass Jesus von Nazaret, der machtvolle Taten vollbrachte und sich als Herr der Dämonen auswies, trotz seiner Kreuzigung in Wahrheit der Sohn Gottes ist (15,39), der allen, die an das Evangelium glauben (1,15), das Heil bringt. Der Verfasser des *Matthäusevangeliums* hebt in besonderer Weise hervor, dass Jesus trotz seiner Ablehnung durch die maßgeblichen Stellen Israels der verheißene Messias ist und seine Weisung als Erfüllung der alttestamentlichen Tora für alle Menschen, besonders aber für die christlichen Gemeinden, Geltung hat. Der Evangelist *Lukas* hingegen zeigt seinen durch Irrlehren verunsicherten Lesern (vgl. Apg 20,29f), dass Jesus nach dem Zeugnis der zwölf Apostel der Heiland für alle ist, der unschuldig hingerichtet wurde; sein Leben, vor allem sein Weg zum Kreuz, ist Vorbild für alle, die in seine Nachfolge gerufen wurden.

Das *Johannesevangelium* gibt ausdrücklich als Absicht an: „Dies aber wurde geschrieben, damit ihr glaubt, dass Jesus der Christus, der Sohn Gottes ist und damit ihr als Glaubende Leben habt in seinem Namen“ (20,31). Der vierte Evangelist wendet sich mit seiner Schrift an eine Gemeinde, die in Auseinandersetzung mit Juden und mit Vertretern hellenistischer Frömmigkeit, vermutlich auch schon mit der Gnosis (s. w. o. S. 39), steht; darum betont er in ihrer Sprache, dass Jesus „der Weg, die Wahrheit und das Leben ist“ (14,6), und hebt in einzigartiger Weise die Souveränität Jesu als des ewigen Logos (Wortes) hervor, der Fleisch geworden ist und dessen „Herrlichkeit“ die Jünger „schauen“ durften (Joh 1,14).

Beispiel: Unterschiedliche Schilderungen des Todes Jesu

Ein aufschlussreiches Beispiel für die redaktionelle Tätigkeit der einzelnen Evangelisten ist die Art und Weise, wie sie den Tod Jesu schildern. Nach *Mk 15,37-39* stirbt Jesus in der Finsternis, nach dem klagenden Ruf „Mein Gott, mein Gott, warum hast du mich verlassen?“ mit einem lauten Schrei; dies veranlasst den Hauptmann zum Bekenntnis: „Wahrhaftig, dieser Mensch war Gottes Sohn!“ Nach *Mt 27,51-54* entsteht in der Todesstunde Jesu ein Erdbeben, die Gräber öffnen sich und die toten Heiligen steigen aus ihnen hervor. Der Hauptmann und die anwesenden Wächter stellen dies fest, werden von Furcht ergriffen und sagen (deshalb): „Wahrhaftig, Gottes Sohn war dieser“. Mit der bildhaften Schilderung deutet der Evangelist darauf hin, dass sich in der Todesstunde Jesu die Voraussage von Ez 37,13 erfüllte („Wenn ich eure Gräber öffne und euch, mein Volk, aus euren Gräbern heraufhole, dann werdet ihr erkennen, dass ich der Herr bin“); der Gekreuzigte ist also in der Tat der, an dem Gott seine Macht erwies, ja der Sohn und „Gott mit uns“ (vgl. 1,21 „seinen Namen Immanuel ... Gott mit uns“; 28,20 „ich werde mit euch sein“); sein Tod ist der Anfang der Auferstehung aller. *Lk 23,34-48* schildert Jesu Sterben als das vorbildliche Martyrium: der Gekreuzigte betet für seine Feinde (23,34) und stirbt mit einem Gebet (23,46); der Hauptmann preist Gott und versichert: „Wirklich, dieser Mensch war ein Gerechter“ (23,4-7); die Vorgänge auf Golgota stellt Lukas als ein „Schauspiel“ dar, das die Anwesenden erschüttert und zum Eingeständnis der eigenen Schuld zwingt (23,48).

Das vierte Evangelium schildert in *Joh 19,25-34* Jesu Sterben als das souveräne Sterben des Gottessohnes und Lebensspenders: Vorher trifft er letzte Verfügungen (19,25-27). Als Ausdruck seiner Bereitschaft, den Kelch bis zur Neige zu trinken, ruft er „Mich dürstet!“ (19,28, d.h. ich will ganz den Willen des Vaters erfüllen; vgl. 4,34). Nachdem er alles als „vollbracht“ erklärt hat, neigt er sein Haupt und gibt den Geist hin (19,30). Vielleicht meint der Evangelist damit sogar, dass der Sterbende seinen Geist der Kirche übergibt; jedenfalls ist dies der volle Sinn der anschließenden Angabe – ob real oder bildhaft – über das Herausfließen von Blut und Wasser aus seiner geöffneten Seite (19,34; vgl. 7,38): Der Gekreuzigte schenkte den Heiligen Geist, der in der Kirche vor allem bei der Taufe und der Eucharistie vermittelt wird.

Zum Vergleich kann auf die unterschiedlichen Darstellungen des Kreuzestodes Jesu in der Kunstgeschichte hingewiesen werden: In der Antike findet sich oft nur das Symbol des Kreuzes, unter Umständen mit einem Siegeskranz und der Hand Gottes darüber. Die romanischen Kruzifixe stellen den Gekreuzigten als König dar, bekleidet mit der langen königlichen Toga und auf dem Haupt die goldene Königskrone; die spätgotischen Kruzifixe zeigen hingegen Christus unter Bezug auf die leidenden Zeitgenossen als den Mann der Schmerzen, blutüberströmt, nur mit einem Lendenschurz bekleidet und auf dem Haupt die Dornenkrone. Wollte man alle genannten Darstellungsweisen als realistische Photographien auffassen, könnte allenfalls von einer gelten, dass sie „wahr“ ist; beachtet man jedoch, dass es sich um künstlerische Werke handelt, dann kann von Widersprüchen keine Rede sein, wohl aber von einer je verschiedenen Sicht des einen, letztlich unaussprechlichen Geschehens, dass am Kreuz der Sohn Gottes gestorben ist.

3.2.2 Überlieferung von Jesu Taten und Worten in der Urkirche

Was zur Tätigkeit der Evangelisten als Redaktoren kurz erläutert wurde, das gilt auch für die mittlere Überlieferungsstufe. Die Jünger Jesu und diejenigen, die sich ihnen nach Ostern anschlossen, predigten und sprachen über Jesus Christus jeweils im Hinblick auf einen ganz bestimmten Hörerkreis. Sie taten dies keineswegs „sine ira et studio“ (Tacitus), das heißt nicht unvoreingenommen und ohne persönliche Anteilnahme. Im einzelnen kann die Überlieferung in der Urkirche auf folgende Weise (wiederum vereinfacht) charakterisiert werden.

Apologetische Sprechweise
Wer sich in der Urkirche zu Jesus bekannte, musste sich verteidigen; denn der Kreuzestod Jesu galt den Juden als ein Ärgernis (1 Kor 1,23); er war für sie ein Beweis, dass Jesus nicht der Messias sein konnte („verflucht ist, wer am Holze hängt“ [Dtn 21,23; Gal 3,13]). Die Apostel betonten demgegenüber, „dass Christus starb für unsere Sünden, gemäß den Schriften“ (1 Kor 15,3); deshalb wiesen sie bei der Schilderung der Passion auf die Beziehungen zu Prophetenworten des Alten Testaments hin, um entsprechend dem damals üblichen Umgang mit Bibeltexten den schmachvollen Tod Jesu doch als Erfüllung der Schriften aufzuweisen. Diese apologetische Sprechweise der urkirchlichen Predigt ist noch an vielen anderen Stellen der Evangelien greifbar. So richtet sich die eigenartige, fast boshafte Erzählung über die Versiegelung des Grabes und die Bestechung der Wächter im Matthäusevangelium gegen das damals von jüdischen Stellen verbreitete Gerücht, die Jünger hätten den Leichnam Jesu gestohlen, um die Auferstehung verkündigen zu können (Mt 27,64; 28,15). Viele harte und verallgemeinernde Vorwürfe gegen die Pharisäer und Schriftgelehrten in diesem Evangelium (z. B. Mt 23,1-33) sind wesentlich durch die bitteren Auseinandersetzungen der Christen mit diesen jüdischen Kreisen bedingt und geben nicht einfach historisch exakt Jesu eigene Äußerungen wieder.
Lukas schildert hingegen anschaulich (wohl aufgrund besonderer Vorlagen), die Jünger hätten – wie oben schon erwähnt – den Auferstandenen betastet und er habe vor ihren Augen gegessen (Lk 24,31; wodurch sie allerdings nicht zum Glauben kamen). Damit will er den Einwand abwehren, die Jünger hätten nur einen „Geist“ gesehen (Lk 24,39).

Aktualisierende Verkündigung
Die Apostel waren der festen Überzeugung, dass der gekreuzigte Jesus von Nazaret lebt. Von diesem Glauben getragen warteten sie auf seine „Offenbarung“ (wörtlich: „Enthüllung“) bei der Parusie

(1 Thess 1,10; 4,14-17; 1 Kor 16,23) und riefen ihn im Gebet als den Kyrios (Herrn) an (1 Kor 1,2; 16,23; Phil 2,9; Röm 10,9; Apg 1,24; 7,59.60). Ja, sie rechneten mit seiner Anwesenheit in der Kirche durch seinen Heiligen Geist, der sie in die ganze Wahrheit einführen sollte (Joh 16,13). Aus dieser Sicht heraus berichteten sie über sein Leben nicht als über etwas, was einfach der Vergangenheit angehört. Statt dessen legten sie Wert auf die Bedeutung der erlebten und erzählten Taten für die Gegenwart. So schilderten sie die Berufung zu Jüngern als Typus jeder Berufung (Mk 1,16-20 par). Die große Speisung stellten sie als Überbietung alttestamentlicher Angaben (z. B. über das Manna) und ganz im Hinblick auf die „wunderbare" Speisung bei jeder Eucharistiefeier dar (Mk 6,30-44 par; vgl. 2 Kön 4,42-44). Ähnlich haben christliche Künstler in der Vergangenheit die Szenen aus dem Leben Jesu oft ganz im Stil der eigenen Zeit gemalt: Die Kreuzigung Jesu findet z. B. auf rheinischen Gemälden vor dem Hintergrund des Kölner Domes statt; die Geburt Jesu ereignet sich auf vielen flämischen Bildern inmitten einer Landschaft Flanderns; die Flucht nach Ägypten geschieht auf dem Altar des Schottenmeisters vor dem Hintergrund der Stadt Wien. Wenn heute Künstler Ähnliches versuchen, stoßen sie oft auf Missverständnisse, weil uns diese Sicht der Geschichte verlorengegangen ist.

Die aktualisierende Verkündigung ist auch bei der Wiedergabe der Worte Jesu erkennbar, die in den einzelnen Evangelien sehr stark voneinander abweichen (vgl. z. B. den Unterschied zwischen den langen, theologisch tiefsinnigen Reden Jesu im Johannesevangelium und den meist kürzeren Sprüchen oder Spruchreihen bei den Synoptikern). Die neuere Forschung unterscheidet „ureigene Worte Jesu" (ipsissima vox) und sogenannte „Herrenworte". Erstere geben die Worte Jesu in etwa so wieder, wie er sie in seinem irdischen Leben (allerdings auf Aramäisch) gesprochen hat; letztere sind hingegen Worte, die zwar in den Evangelien als Worte Jesu stehen, aber offensichtlich erst in nachösterlicher Zeit als „Worte des Herrn" geprägt wurden. Für die Urkirche bestand diesbezüglich kein Unterschied, denn für sie war der irdische Jesus eins mit dem auferstandenen Herrn. Die Urkirche konnte daher seine Worte nicht weitersagen, ohne sie zu aktualisieren, das heißt auf die gegenwärtige Situation zu beziehen und dementsprechend zu formulieren.

Als eines unter vielen Beispielen für eine solche aktualisierende Verkündigung kann das fünfmal überlieferte Wort Jesu vom Kreuztragen angeführt werden (Mk 8,34; Mt 16,24; Lk 9,23; Mt 10,38; Lk 14,27). Im Munde Jesu bedeutete dieses Wort vor Ostern, bereit zu sein zum schmachvollen Tod; eine solche Bereitschaft forderte Jesus nicht von allen, sondern nur von denen, die zu seinem engen Jüngerkreis zählten. Nach dem Tod und der Auferstehung Jesu wurde diese Forderung als eine für alle Christen geltende verkündet, und zwar im Sinn der Nachfolge Jesu (vgl. 1 Petr 2,21). Der Akzent liegt jetzt nicht mehr auf der Bereitschaft zum Martyrium, sondern auf dem Nachvollzug der Passion Jesu im eigenen Leben, nach Lk 9,23 sogar in der „täglichen" Passionsgemeinschaft.

Im Licht der Auferstehung

Mehrfach wird im Johannesevangelium angedeutet, dass die Jünger Worte oder Taten Jesu zunächst nicht begriffen, sondern erst nach seiner Auferstehung verstehen lernten (Joh 2,22; 13,7; vgl. 16,13). Der Evangelist Lukas schildert anschaulich, wohl unter Bezugnahme auf die Praxis in der jungen Kirche, dass der Auferstandene selbst die Jünger anleitet, die Schriften des Alten Bundes als Zeugnisse für Jesus zu begreifen (Lk 24,25-27.44-48). Ähnlich fordert nach der Schilderung der Apostelgeschichte Petrus die Bewohner Jerusalems auf, von der bezeugten Auferstehung her zu erkennen, dass Jesus in der Tat der Messias und Herr ist (Apg 2,22-36). Diese und viele andere Texte belegen, dass die Apostel von Ostern her Jesu Leben, Wirken und Lehre in einem ganz neuen Licht sahen. Davon konnten sie in der Folge nicht mehr absehen. Wenn sie über Jesus sprachen, konnten sie dies nur noch im Licht der Auferstehung tun. Dies prägte unwillkürlich ihre Darstellung seiner Geburt, seines Wirkens und der Passion. (Ähnlich vermögen wir oft erst nach dem Eintreten eines bestimmten Ereignisses, z. B. am Ende einer Herrschaft oder einer Freundschaft, die vorausgehenden Vorgänge richtig zu verstehen, und wir können dies dann bei unseren Berichten kaum mehr unberücksichtigt lassen.)

Diese österliche Sicht ist in den Evangelien besonders bei den Wundern Jesu zu beobachten. Erst nach Ostern erfassten die Zeugen der außergewöhnlichen Taten Jesu deren volle Bedeutung als Machtzeichen dessen, der Herr über den Tod ist. Dies drückten sie mitunter dadurch aus, dass sie das Wunderbare und Außergewöhnliche dieser Taten, aber auch die darin liegende Gleichnishaftigkeit betonten. Aus dieser deutenden Darstellung kann daher heute nicht mehr ohne weiteres der äußere Hergang des Erzählten erschlossen werden. Manche Forscher rechnen sogar mit der Möglichkeit, dass hier und da Wunder, die man von anderen erzählte, auf Jesus übertragen wurden (z. B. die eigenartige Heilung des Besessenen von Gerasa, Mk 5,1-20). Im einzelnen ist dies allerdings schwer zu beweisen. Es gibt in der Geschichte viele Beispiele für derartige Übertragungen (z. B. die Wunder von Elischa und Elija, 2 Kön 18-37; 1 Kön 17,17-24; das Rosenwunder der heiligen Elisabeth). Es ist durchaus möglich, dass die Mk 11,12-14 erzählte Verfluchung des Feigenbaums auf eine nachösterliche Historisierung des überlieferten Gleichnisses vom unfruchtbaren Feigenbaum (Lk 13,6-9) zurückgeht.

Die Annahme, dass die Apostel und später die Evangelisten auf diese Weise Jesu Leben, Wirken und Worte aus der österlichen Sicht fiktional verdeutlicht haben, bereitet manchem modernen Leser der Bibel große Schwierigkeiten[15]. Gerade hier ist aber wieder zu berücksichtigen, dass die Urkirche sich der Sprache und Ausdrucksweise ihrer Zeit bediente und in gezielter Verkündigungsabsicht schrieb, um Jesus als den Auferstandenen und Messias zu bezeugen. Eine solche Sprache ist uns heute ungewohnt; sie findet sich aber noch bei den Dichtern, die Unaussprechliches in ihren Dichtungen oft durch Erdichtetes andeuten. So können alte Legenden, wie sie in unserer Zeit wieder neu entdeckt werden, mehr über das Leben von Heiligen aussagen als nüchterne Berichte. Aus der darstellenden Kunst ist bekannt, dass sich die Maler häufig nicht mit einer realistischen Darstellung begnügen. Oft stellen sie in freier, fiktiver (erdichteter) Weise Szenen zusammen oder schildern dem äußeren Vorgang nicht direkt Entsprechendes (z. B. die Mutter Jesu mit einer goldenen Krone, das Jesuskind mit einem Zepter, Jesus und die Apostel mit einem Heiligenschein, Johannes den Täufer unter dem Kreuz). Sie tun dies, um bildhaft die Wahrheit verständlicher auszudrücken.

3.3 Wer war nun Jesus?

Aus der beschriebenen Tätigkeit der Redaktoren und der urkirchlichen Verkündigung ergibt sich, dass wir heute keinen direkten Zugang mehr zu dem haben, was Jesus getan, gelehrt und erfahren hat. Alle Nachrichten darüber werden uns wie durch einen doppelten Filter, durch die beiden besprochenen Überlieferungsstadien nämlich, vermittelt. Der „verkündigte Christus" (Jesus Christus, wie ihn die Urkirche als den irdischen und auferstandenen Herrn predigte) ist daher für den kritischen Forscher nicht ohne weiteres derselbe wie der „historische Jesus“ (Jesus, soweit die historisch-kritische Exegese ihn erschließen kann). Leider wird aber viel zu wenig bedacht, dass der sogenannte „historische Jesus“ im Grunde nur eine mittels Abstraktion von der urkirchlichen Predigt mit Hilfe vieler Hypothesen konstruierte Gestalt ist. Da Ergebnisse der Geschichtswissenschaft außerdem niemals den Anspruch auf absolute Allgemeingültigkeit erheben können, vermag der sogenannte historische Jesus niemals Grund und Norm des christlichen Glaubens zu sein. (Die Geschichte der Leben-Jesu-Forschung [s. o. S. 37] hat übrigens gezeigt, dass es Historikern unmöglich ist, ein allgemein akzeptiertes „Leben Jesu“ zu schreiben.) Grund und Gegenstand christlichen Glaubens ist einzig „der verkündigte Christus“, der nach Auffassung der Kirche mit dem irdischen Jesus eins ist.

Daraus folgt nicht, dass wir heute auf die kritische Rückfrage nach Jesus verzichten müssen. Wohl aber ist ihr der rechte Platz zuzuweisen. Zweck der kritischen Rückfrage ist es nicht, den christlichen Glauben zu begründen (dies war das Ziel der Leben-Jesu-Forschung), sondern dem nach Wahrheit suchenden und von Zweifeln bedrängten Menschen die Glaubwürdigkeit der in Jesu Leben verankerten urkirchlichen Predigt von der uns in ihm geschenkten Hoffnung aufzuzeigen und diese Predigt gegen Missdeutungen abzusichern. Wenn nämlich die Evangelien auch keine Biographien Jesu und keine Geschichtswerke im modernen Sinn sind, so ist ihr Interesse an Jesu Leben und Lehre doch unverkennbar; denn sie verkündigen Christus in der Form der Evangelien, das heißt: im Rahmen einer Schilderung des Lebens Jesu, und sie berufen sich dafür auf Zeugen und Gewährsleute (Lk 1,2; Joh 1,14; 21,24). Dies setzt voraus, dass – jedenfalls nach der Absicht der Evangelisten – die in den Evangelien enthaltene und entfaltete Botschaft im Wesentlichen dem Leben und der Lehre Jesu entspricht.

Unter den Wissenschaftlern besteht heute kein Zweifel an folgenden Fakten: Jesus von Nazaret hat gelebt (die wenigen abwegigen Versuche, dies zu bestreiten, verdienen es nicht, erwähnt zu werden); er hat, wie auch seine Gegner bestätigten, außergewöhnliche Taten vollbracht (vgl. Mk 3,22; diskutiert wird lediglich über ihr Ausmaß und ob sie die bekannten Naturgesetze überschreiten); durch diese und durch seine Autorität hat er messianische Erwartungen geweckt; er besaß ein einzigartiges Verhältnis zu Gott, den er in damals auffälliger Ausdrucksweise mit „Abba“ (= lieber Vater) anredete (Mk 14,36); aufgrund von Machenschaften gegen ihn wurde er – vermutlich um das Jahr 30 – in Jerusalem gekreuzigt; kurze Zeit nach seinem Tod wurde er als der Auferstandene und der wiederkommende Herr gepredigt, ausgehend von Jerusalem bis nach Rom (Apg 1,8).

Unumstritten ist ferner, dass Jesus während seines kurzen Wirkens Jünger um sich geschart und sie an seiner Predigttätigkeit beteiligt hat (Mk 3,13-19; 6,6-13 par). Diese Jünger waren es, die nach der schmachvollen Kreuzigung Jesu aufgrund außergewöhnlicher Erfahrungen (Erscheinungen) ihn als den Auferstandenen predigten und sein Wirken in neuer Weise aufgriffen: sie beschränkten sich nicht auf Israel; sie predigten nicht nur den Anbruch der Gottesherrschaft, sondern verkündigten Jesus als den Christus und Kyrios (Mt 28,19; 1 Kor 2,2; Apg 2,36); sie verstanden sich und alle Getauften als neue, durch den Geist Gottes zu einem Leib zusammengefügte Gemeinschaft (1 Kor 12,13), für die sie bald die Ehrentitel Israels „Kirche Gottes“, „Heilige“ (1 Kor 1,1) in Anspruch nahmen. Geprägt war ihr Leben von der Hoffnung auf die Parusie (meist mit „Wiederkunft“ übersetzt), wie man sich diese damaliger Weltsicht gemäß (Himmel, Erde, Unterwelt) als ein sichtbares Kommen des Herrn vom Himmel her vorstellte (vgl. Apg 1,11; Lk 21,27). K. Rahner fordert diesbezüglich die bei diesem Thema besonders notwendige Unterscheidung zwischen „Aussageweise“ und „Aussageinhalt“ (Aussageabsicht) zu beachten.[16] Gemeint ist mit diesen zeit- und umweltbedingten Aussageweisen der Bibel die jede menschliche Vorstellung überbietende „Enthüllung“ (Apokalypse) des Auferstandenen als Herr aller. Nach neueren theologischen Erklärungen bricht diese für den Einzelnen jeweils schon in der Todesstunde an.[17]

Nun finden sich innerhalb der österlichen Verkündigung der Jünger nicht wenige Anweisungen und Aussagen, die gar nicht in die nachösterliche Situation hineinpassen, zum Beispiel Jesu Aufforderung, nicht zu den Heiden zu gehen (Mt 10,5), oder die strengen Anweisungen für das Verhalten der Jünger (Mk 6,7-13 par). Die Jünger haben diese Worte also eindeutig aus der vorösterlichen Predigt Jesu übernommen. Dasselbe gilt für die Gleichnisse, die – zumindest in ihrem Kern – ganz um das Thema „Gottesherrschaft“ kreisen und nicht um das Thema „Christus“, das im Mittelpunkt der urkirchlichen Predigt stand. Noch viele andere Beispiele verraten, wie eng sich die urkirchlichen Prediger an Jesu Lehre gebunden wussten und auf sie zurückgriffen. Der Kreis der Jünger wird demnach mit Recht als Brücke zwischen der vorösterlichen Verkündigung Jesu und der nachösterlichen Predigt über Christus betrachtet. Dieser Kreis bürgt letztlich für die wahrheitsgetreue Wiedergabe und Deutung der Botschaft Jesu. Dies gilt um so mehr, als die Apostel von Anfang an in der Urkirche über die rechte Verkündigung wachten. Schon in den ältesten Schriften des Neuen Testaments findet sich ja die kritische Auseinandersetzung mit Irrlehren (z. B. Gal 1,6-9; 2 Kor 11,4-15), die in den späteren Schriften einen noch breiteren Raum einnimmt (z. B. 1 – 2 Tim; Tit; 1 Joh 4).

> Daraufhin zogen sich viele Jünger zurück
> und wanderten nicht mehr mit ihm umher.
> Da fragte Jesus die Zwölf: Wollt auch ihr weggehen?
> Simon Petrus antwortete ihm: Herr, zu wem sollen wir gehen?
> Du hast Worte ewigen Lebens.
> Wir sind zum Glauben gekommen und haben erkannt:
> Du bist der Heilige Gottes.
>
> Joh 6,66-69

3.4 Die Wahrheit der Bibel

Die skizzierte Übersicht über die drei Überlieferungsstadien lässt erkennen, wie eng die Evangelien an die Geschichte Jesu gebunden sind, wie sehr aber auch die urkirchliche Verkündigung und die Evangelisten – unter Bezug auf die Bibel Israels – die vorliegenden Texte geprägt haben. „Ist das alles aber auch wahr?“ so fragen nicht wenige, verunsichert durch die in den Medien so oft geäußerte Kritik. Solchen Zweifeln gegenüber ist zunächst daran zu erinnern, dass die Wahrheit der biblischen Offenbarung – auch die Wahrheit der Evangelien – niemals zwingend bewiesen werden kann. Dies hat schon das I. Vatikanische Konzil offen ausgesprochen (DH 3008; 3041).

Dass Jesus von Nazaret, wie es die Evangelien angeben, der Sohn Gottes war und ist, dass er für alle gestorben und von den Toten auferstanden ist und einst als Herr aller offenbar werden wird, all dies lässt sich nicht mit der Schlüssigkeit beweisen, wie wir sie im Zeitalter der Naturwissenschaften in vielen Sachbereichen gewohnt sind und fordern. (Leider hat sich die kirchliche Verteidigung des Glaubens während der vergangenen zwei Jahrhunderte durch die rationalistischen Angriffe oft dazu verleiten lassen, ihrerseits die Wahrheit biblischer Grundaussagen, z. B. der Messianität und der Auferstehung Jesu, durch Hinweis auf die Wunder, auf das leere Grab oder den „objektiven" Charakter der Erscheinungen zu „beweisen". Wenn selbst das I. Vatikanische Konzil mitunter von solchen „Beweisen" spricht, ist „Beweis" dabei in einem weiteren Sinn gemeint.) Die Wahrheit der Bibel lässt sich zwar nicht im strengen Sinne beweisen, sie lässt sich aber bezeugen. Die Offenbarung Gottes hat dies mit anderen elementaren Äußerungen im menschlichen Leben gemein. So lässt sich beispielsweise wechselseitige Liebe niemals im strengen Sinn beweisen. Der Geliebte schenkt vielmehr dem Liebenden Vertrauen und glaubt an dessen Liebe, weil dieser sie ihm durch Liebeserweise bezeugt.

beweisen	wie in der Naturwissenschaft gefordert
bezeugen	wie bei elementaren Äußerungen menschlichen Lebens

Um einem Zeugen Glauben zu schenken und eine bezeugte Wahrheit annehmen zu können, müssen Zeuge und Zeugnis glaubwürdig sein. Hinsichtlich der Evangelien und Apostelbriefe heißt das zunächst, dass ihre Verfasser und Quellen als glaubwürdig auszuweisen sind. Dafür können – über die oben schon angeführten Argumente hinaus – das Leben der Apostel, ihre eigene Schwerfälligkeit im Glauben, ihre lautere, selbstlose Haltung, ihre enge Verbundenheit mit Jesus Christus und schließlich ihr Tod für ihn (als martyrium = Zeugnis) angeführt werden. Dieses Zeugnis allein vermag jedoch nicht ohne weiteres von der Wahrheit ihrer Botschaft zu überzeugen. Besonders heute, in einer späteren und kritisch gewordenen Generation, reicht es oft nicht aus. Darum ist es notwendig, noch auf andere Zeugen zu hören.
Für die Wahrheit ihrer Verkündigung berief sich die Urkirche von ältester Zeit an auf die Übereinstimmung ihrer Botschaft von Jesus Christus mit den Schriften des Alten Bundes (z. B. „gemäß den Schriften" 1 Kor 15,3-5; vgl. Lk 24,26f.45-47). Dieses Zeugnis der heiligen Schriften Israels hatte für die aus dem Judentum stammenden Hörer ein sehr großes Gewicht; ihrer Auffassung nach war in diesen Büchern Gottes Wille zu erkennen. Auch heute ist der

Wert dieses Zeugnisses nicht zu unterschätzen; denn es lehrt uns, die Aussagen der Evangelien in Verbindung mit den Verheißungen des Alten Testaments zu lesen. Demnach ist Jesus von Nazaret nicht irgendein Großer und Weiser, der irgendwann oder irgendwo in der Welt aufgetreten ist; er ist vielmehr der, auf den Israel seit Jahrhunderten wartete und dessen Wirken als Erfüllung der alten Schriften gewertet werden kann. Wie die Apostel lehrten, ist von Ostern her alles, was in diesen Büchern steht, damaligem Schriftverständnis gemäß, auf Jesus Christus bezogen und hat von ihm her erst seine volle Bedeutung.

Diesem geistgewirkten Zeugnis des Alten Testaments für die Wahrheit der biblischen Botschaft kann in unserer Zeit ein verwandtes zur Seite gestellt werden, das mehr dem heutigen Weltverständnis entgegenkommt. Es ist das Zeugnis der Sehnsucht aller Menschen, dass das Leben nicht sinnlos und hoffnungslos sei, das Böse am Ende nicht triumphiere, bitteres Leid nicht vergeblich sei und der Tod nicht das Ende bedeute. Manchen erscheint diese Sehnsucht nach Heil, das wir aus eigener Kraft nicht erlangen können, als frommes Wunschdenken. Für sie ist dann letztlich alles sinnlos. Der für den Glauben aufgeschlossene Mensch kann aber in dieser menschlichen Sehnsucht ein durch Gottes Geist bewirktes Hoffen erkennen, das ihn aufhorchen lässt auf die Botschaft der Evangelien und der ganzen Heiligen Schrift; denn diese verkünden, dass in Jesus Christus die alte Hoffnung Israels auf Heil ihre Erfüllung gefunden hat, wenn diese Erfüllung auch erst am Ende der Tage allen erkennbar sein wird.

Außer den Aposteln und den Schriften des Alten Bundes ist nach der Bibel der Heilige Geist selbst Zeuge für die Wahrheit der urkirchlichen Predigt (Apg 5,32; Joh 15,26). Damit ist nicht nur die innere Kraft und Ermutigung der Verkünder gemeint, sondern auch das durch den Geist Gottes in der Kirche gewirkte und erfahrene Zeugnis. Sicherlich ist die Kirche, welche die Heiligen Schriften gesammelt hat und bis heute verkündet, nicht ohne Fehler (der Beistand des Geistes hebt die Freiheit zu sündigen nicht auf). Sehr viel ist im Lauf der Kirchengeschichte geschehen und geschieht heute noch, was sie in den Augen weiter Kreise unglaubwürdig macht (Papst Johannes Paul II. hat dies im Jahr 2000 zum Erstaunen vieler öffentlich auf dem Petersplatz einbekannt.) Dennoch lässt sich das positive Zeugnis vieler ihrer Glieder, besonders ihrer Heiligen, nicht übersehen. Sie stellen jeden Leser der Bibel vor die Entschei-

dung, ihr Zeugnis für die Wahrheit der biblischen Offenbarung anzunehmen oder abzulehnen.
Aus der Sicht des Neuen Testaments bürgt endlich für Christen Jesus Christus selbst als Zeuge für die Wahrheit der Evangelien. Er hat den Jüngern zugesagt, „mit ihnen" (Mt 28,20), ja „mitten unter ihnen" (Mt 18,18) zu sein. Nach dem Johannesevangelium, das Jesu vor- und nachösterliches Wirken ineinander (ohne zeitliches Relief) schildert, ist es die Aufgabe Jesu Christi, „für die Wahrheit Zeugnis abzulegen" (Joh 18,37; vgl. 14,6). Dieses Zeugnis vernimmt allerdings nur der, der die Evangelien so liest, dass sie ihn zur Begegnung mit Jesus Christus hinführen und er durch ihre Worte hindurch ihn selbst vernimmt. Diesbezüglich kann sich die neuere Sicht der Bibel sehr positiv auswirken. Häufiger als unsere Vorfahren können wir zwar auf viele neugierige Fragen nach Einzelheiten im Leben Jesu oder im Alten Bund keine Antwort geben – für viele Christen ist das eine Glaubensprobe; dadurch werden wir aber gezwungen, auf das Wesentliche zu achten. Wir wissen heute auch, dass die biblischen Schriftsteller sich oft einer bildhaften und sogar dichterischen Rede bedient haben, um uns auf diese Weise über Geschehnisse und Wahrheiten zu belehren, die unsere Vorstellungswelt und alltägliche Sprache übersteigen. So wird deutlich, dass es den Evangelien nicht um Information über viele Einzelwahrheiten geht. Ihr wesentlicher Inhalt ist vielmehr die Wahrheit, die Jesus Christus selbst ist. Er ist Gottes ewiges Wort, das Gott uns durch seinen Heiligen Geist schenkt, um uns in seiner Liebe zu einem erfüllten Leben zu führen. Wer sich auf dieses in den Evangelien und durch sie verkündete Wort einlässt, sich daran im biblischen Sinn von „glauben" (*aman*) festmacht, wer nicht bloß bei den Buchstaben und Wörtern stehen bleibt, sondern es wagt, Jesus nachzufolgen, wird durch ihn selbst die innere Offenheit für seine Botschaft erlangen. Durch das Geschenk seines Heiligen Geistes wird er von der Fixierung auf das Vordergründige befreit und vermag die beglückende Wahrheit der Evangelien wie der ganzen Bibel zu erfahren.

> Zu vielen Malen und auf vielerlei Weise hat Gott früher zu den Vätern durch die Propheten gesprochen, jetzt am Ende dieser Tage hat er zu uns gesprochen durch den Sohn, den er zum Erben des Alls bestellt und durch den er auch die Welten geschaffen hat.
>
> Hebr 1,1f

4. Leitsätze für das Lesen der Bibel heute

Anstatt einer Zusammenfassung mögen die hier im Blick auf heutige Leser ausgewählten Leitsätze dazu dienen, sich die wichtigsten Themen dieses Buches zu eigen zu machen. Sie können noch durch viele andere ergänzt werden, wie sie im Lauf der Geschichte in Predigt, Katechese, Exerzitien und Bibelrunden oft vorgelegt wurden.

1. *„Wissen heißt lernen können"*

Mit diesem Satz fasst der Philosoph Martin Heidegger (†1976) in einfacher Form einen wesentlichen Aspekt jeden und auch seines Philosophierens zusammen: Wir meinen oft, durch unsere vordergründige Sicht der Welt und des Lebens schon alles zu erkennen; dabei vergessen wir, dass die geläufigen Begriffe uns vielfach die eigentliche Wahrheit („Ent-bergung" [< *a-lētheia*]) verstellen. Aufgabe des Philosophierens ist es deshalb, immer zurück zu fragen und neu zu „lernen", um zu einem echten „Wissen" zu gelangen.
Ähnlich sind viele in der Versuchung, ihre eigenen modernen Vorstellungen und Begriffe schon in der Bibel vorzufinden und in sie hineinzulesen, anstatt sich durch die Bibel immer neu belehren zu lassen, d.h. beim Lesen der Bibel immer neu zu „lernen", was sie uns wirklich sagt. Dies erfordert das Eingeständnis unseres eigenen Unwissens und die Offenheit für die je immer tiefere Wahrheit, die unsere herkömmlichen Deutungen übersteigt und ständig zu neuem „Lernen" anregt.

2. *„Man sieht nur mit dem Herzen gut;
das Wesentliche ist für die Augen unsichtbar."*

Dieses gern zitierte Wort von Antoine de Saint Exupéry („Der kleine Prinz") wendet sich gegen eine verbreitete oberflächliche Beurteilung der Handlungen unserer Mitmenschen und der ganzen Welt. Es ist verwandt mit dem Ausspruch von Blaise Pascal: „Denn das Herz hat Gründe, die der Verstand nicht kennt."
Alle Leser der Bibel werden durch diese Worte daran erinnert, dass unsere Augen und Verstandeskräfte zwar vieles erkennen, aber die wesentlichen Aussagen der Bibel oft nicht wahrnehmen; sie bleiben uns verborgen, weil wir sie nicht mit einem für ihre Wahrheit offenen Herzen lesen. Von dieser Einsicht geleitet, betete König Salo-

mon nach den Worten der Bibel im Blick auf den ihm verliehenen Auftrag: „Verleih daher deinem Knecht ein hörendes Herz, damit er das Volk zu regieren und das Gute vom Bösen zu unterscheiden versteht" (1 Kön 3,9). Die Kirche lädt daher ihre Gläubigen immer wieder ein, vor dem Lesen der Bibel um das gute Herz zu beten, das Gottes Lebensodem uns schenkt und das uns für die Wahrheit frei macht.

3. „Es gibt allerdings Unaussprechliches"
Im Zeitalter der Naturwissenschaften sind wir ständig der Versuchung ausgesetzt, auch im Alltag und selbst bei den Themen der menschlichen Geschichte sowie der Religionen den Maßstab exakter Wissenschaften anzulegen. Dagegen hat sich zu Recht der Philosoph L. Wittgenstein (†1951) in seinem "Tractatus logico-philosophicus. Logisch-philosophische Abhandlung" (1921) gewandt. Dort fordert er auf der letzten Seite, dass derjenige, der ihn versteht, "seine Sätze am Ende als unsinnig erkennt, wenn er durch sie – auf ihnen – über sie hinaus gestiegen ist ... Er muss diese Sätze überwinden, dann sieht er die Welt richtig. Wovon man nicht sprechen kann, darüber muss man schweigen."
Gilt das nicht auch – richtig interpretiert – für viele Sätze in der Bibel, wenn wir sie unkritisch auffassen und meinen, durch sie allein schon die volle Wahrheit zu erfahren, die menschliches Verstehen immer übersteigt. Jeder, der die Bibel heute liest, darf nicht bei ihrem Wortlaut stehen bleiben, sondern muss weiter fragen und sich oft eingestehen, dass er selbst nicht alles versteht. Das schließt nicht aus, dass er den in Verbindung mit diesen Worten ausgesprochenen Appell zum Handeln und zum Vertrauen befolgt. So haben die christlichen Kirchen die vordergründig oft unverständlichen Psalmen als in Bildern (allegorisch) ausgesprochene Bitten und Loblieder den Betern anvertraut, um sie sich so zu eigen zu machen.

4. „Prinzip Wirkungsgeschichte"
Dies betont der Philosoph H. G. Gadamer (1900-2002) in seinem Werk "Wahrheit und Methode" (^{6}1990). Bei der Auslegung der Bibel fordert das, nicht bloß ihre Texte, sondern die durch sie ausgelöste Wirkung und die damit verwandte Rezeption (Aufnahme) etwa innerhalb der Bibel (z.B. von Jes 40,3 in Mt 3,3) und in der kirchlichen Tradition zu beachten; denn diese macht uns u. a. auf

eine im Text verborgene Dynamik aufmerksam, die wir sonst leicht übersehen.
Außerdem lässt uns die „Wirkungsgeschichte“ unsere eigene geschichtlich bedingte Situation erkennen, die jeweils das Verstehen und Erklären der Bibel wie in früheren Generationen so auch heute mitbestimmt und vor allzu schnellen Folgerungen bewahrt.

5. „Geschichten kreisen um Geschichte“

Mit dieser kurzen Formulierung charakterisiert der Alttestamentler G. Fohrer die erzählerischen Texte im Buche Exodus (1964). In Anlehnung daran habe ich den Untertitel meiner Untersuchung über „die Osterevangelien“ mit „Geschichten um Geschichte“ angegeben. Wie die Erzählungen vom Auszug Israels aus Ägypten so sind auch die Osterevangelien und andere Evangelien keine Geschichtsberichte im Sinn von Historiographie. Als z. T. fiktionale „Geschichten“ kreisen sie jedoch um eine wahre Geschichte, die sich dem Zugriff eines Historikers entzieht, deren Geschichtsbezogenheit (Gottes Handeln mit Menschen) aber nicht zu übersehen ist.
Sie dienen darum nicht wie etwa Trivialgeschichten der bloßen Unterhaltung oder Illustration einer menschlichen Wahrheit bzw. Person (wie Märchen, Mythen oder Heiligenlegenden). Sie versuchen vielmehr das unserem vordergründigen Verstehen unbegreifliche Wirken Gottes in unserer Geschichte zu bezeugen, um uns zu einem diesem entsprechenden Handeln und Vertrauen zu ermutigen. Wie bei vielen anderen Texten ist daher nach einer bereits vorher erwähnten alten hermeneutischen Regel beim Lesen der Bibel jeweils zwischen der zeitbedingten „Aussageweise“ und dem damit ausgesprochenen „Aussageinhalt“ zu unterscheiden. Diese Unterscheidung ist heute notwendiger als früher.

6. „Du musst dein Leben ändern.“

Mit dieser Aufforderung endet das Gedicht „Archaischer Torso Apollos“ von Rainer Maria Rilke (†1926). Damit zieht der Dichter die Folgerung aus dem Eindruck, den die Betrachtung der antiken Skulptur „Torso des Apollo“ auf ihn gemacht hat, „denn da ist keine Stelle, die dich nicht sieht. Du musst dein Leben ändern.“
Wer die Bibel aufmerksam liest, findet in ihr kaum eine Stelle, die ihn nicht betrifft bzw. anspricht. Um diese nicht vergeblich zu lesen, muss er das tun, was sie ihm sagt. Im Sinne der Mahnung Jesu „Kehrt um!“ muss er dann sein bisheriges Leben ändern und neu beginnen.

7. Marana tha

So lautet die griechische Umschrift eines in der Urkirche aus der palästinensischen Gemeinde übernommenen Rufes (vgl. 1 Kor 16, 21). Er kann dem Wortlaut nach sowohl heißen: „Unser Herr, komm!" oder: „Unser Herr ist gekommen". (Beides gilt auch für die Schreibweise „maranatha".) 1 Kor 16,21 steht der Ruf wohl als Imperativ und Ausdruck für die Sehnsucht nach der Parusie (dem endgültigen Kommen) des Herrn: „Komm, Herr Jesus" (so Offb 22,20). Für die Urkirche ist „Marana tha" ein altes Zeugnis ihres festen Glaubens an den Auferstandenen. Dessen Gegenwart wurde bei den eucharistischen Zusammenkünften besonders gefeiert, verbunden mit der Hoffnung auf seine „Ent-hüllung" (so die wörtliche Übersetzung von *„apo-kalypsis"*). Dieser alte Ruf verweist heute noch auf das letzte Ziel aller biblischen Aussagen: die Vollendung der Weltgeschichte. Diese hat man sich früher nach Art eines majestätischen Kommens des Sohnes Gottes vom Himmel her vorgestellt. Ohne dieses Endziel heute im Einzelnen beschreiben zu können, dürfen wir es mit Teilhard de Chardin (†1955) als Punkt O [Omega] betrachten, auf den die mit A [Alpha] begonnene Evolution hingeordnet ist.

> *Das Gestirn, auf das die Welt wartet – dessen Name sie noch nicht zu nennen vermag, dessen wahre Transzendenz sie nicht ermisst, von dem sie nicht einmal die geistigen und göttlichsten Strahlen erkennen kann –, dieses Gestirn ist Christus selbst, den wir erhoffen. Um die Parusie herbeizuwünschen, müssen wir nur das Herz der Erde in uns schlagen lassen.*
>
> *Teilhard de Chardin, Der göttliche Bereich. Olten 1962, 159*

8. „Vielleicht ist es aber wahr"

Als Abschluss dieser Leitsätze stehe die Antwort des Rabbi Levi Jizchak von Berditschew (†1809), die er einem wissensbegierigen, aber ungläubigen Aufklärer gegeben hat (nach den Erzählungen der Chassidim, aufgezeichnet von Martin Buber. Zürich [11]1990). Auf den ersten Blick hin scheint diese Antwort für die Leser dieser Neufassung von „Die Bibel lesen – aber wie?" negativ und höchst ungeeignet. Bei näherem Bedenken vermag sie jedoch wie den angesprochenen Gelehrten auch viele heute durch die moderne Sicht der Welt kritisch gewordene Christen oder Nichtchristen zu einem erneuten Lesen der Bibel zu ermutigen, um ihre Wahrheit (Ent-bergung) zu vernehmen.

Vielleicht

Einer der Aufklärer, ein sehr gelehrter Mann, der vom Berditschewer gehört hatte, suchte ihn auf, um auch mit ihm, wie er gewohnt war, zu disputieren und seine rückständigen Beweisgründe für die Wahrheit seines Glaubens zuschanden zu machen. Als er die Stube des Zaddiks betrat, sah er ihn mit einem Buch in der Hand in begeistertem Nachdenken auf und ab gehen. Des Ankömmlings achtete er nicht. Schließlich blieb er stehen, sah ihn flüchtig an und sagte: „Vielleicht ist es aber wahr." Der Gelehrte nahm vergebens all sein Selbstgefühl zusammen – ihm schlotterten die Knie, so furchtbar war der Zaddik anzusehen, so furchtbar sein schlichter Spruch zu hören. Rabbi Levi Jizchak aber wandte sich ihm nun völlig zu und sprach ihn gelassen an: „Die Großen der Tora, mit denen du gestritten hast, haben ihre Worte an dich verschwendet, du hast, als du gingst, darüber gelacht. Sie haben dir Gott und sein Reich nicht auf den Tisch legen können, und auch ich kann es nicht. Aber, mein Sohn, bedenke, vielleicht ist es wahr." Der Aufklärer bot seine innerste Kraft zur Entgegnung auf; aber dieses furchtbare „Vielleicht", das ihm da Mal um Mal entgegenklang, brach seinen Widerstand.

Anmerkungen

Aus der kaum zu überschauenden Fachliteratur und den zahlreichen Hilfsmitteln werden hier jeweils nur einzelne Schriften angeführt, die helfen können, die behandelten Themen richtig zu verstehen, und die auf weitere Literatur verweisen.

1 *R. Zerfaß*, Das Volk Gottes auf dem Weg in die Wüste? Zur pastoralen Aktualität einer zentralen Erfahrung Israels. Kat. Bl. 125 (2000), 42-52

2 *M. Motté*, Auf der Suche nach dem verlorenen Gott. Religion in der Literatur der Gegenwart. Mainz 1997, 47; vgl. zu den folgenden Literaturangaben ebd. 29; *dies.*: Die Rede von Gott in der modernen Literatur: Spuren zum Geheimnis (hg. v. Th. Schreijäck), Ostfildern 2000, 13-52

3 Vgl. dazu *W. Egger*, Kleine Bibelkunde zum Neuen Testament. Innsbruck ^{2}1980; ders., Methodenlehre zum Neuen Testament. Einführung in linguistische und historisch-kritische Methoden, Freiburg 1993; *F. G. Untergaßmaier, M. Kappes, G. Holtze*, Zum Thema: „Wie wörtlich ist die Bibel zu verstehen?", Paderborn ^{3}1995; *Th. Söding*, Wege der Schriftauslegung. Methodenbuch zum Neuen Testament, Freiburg 1998

4 Vgl. *M. Motté*, Anm. 2, 130ff; andere Zitate *dies.*, Spuren zum Geheimnis (Anm. 2) 23-27

5 *K. Rahner*, Über die Schriftinspiration (QD 1) Freiburg ^{4}1964; *J. Bäumler*, Die Inspiration der Heiligen Schrift (HDG 1/3 c) Freiburg 1976; *H. Gabel*, Inspirationsverständnis im Wandel. Theologische Neuorientierung im Umfeld des II. Vatikanischen Konzils, Mainz 1991

6 *W. G. Kümmel*, Das Neue Testament. Geschichte der Erforschung seiner Probleme. Freiburg/München ^{2}1970; *H. J. Kraus*, Geschichte der historisch-kritischen Erforschung des AT. Neukirchen ^{3}1982; *N. Brox*, (Hg.), Pseudepigraphie in der heidnischen und jüdisch-christlichen Antike (WdF 484). Darmstadt 1977; *H. J. Fabry – K. Kertelge u.a.*, Bibel und Bibelauslegung. Regensburg 1993; *H. Reventlov*, Epochen der Bibelauslegung I-II.1990-1994; *R. Smend*, Epochen der Bibelkritik. München 1991

7 *H. G. Gadamer*, Wahrheit und Methode. Tübingen 1902, ^{11}1990; vgl. als konkretes Beispiel J. Kremer, Lazarus. Die Geschichte einer Auferstehung. Text, Wirkungsgeschichte und Botschaft von Joh 11, 1-46. Stuttgart 1985.

8 Dort heißt es Abschnitt I. F.: „Der fundamentalistische Zugang ist gefährlich, denn er zieht Personen an, die auf ihre Lebensprobleme biblische Antworten suchen. Er kann sie täuschen, indem er ihnen fromme, aber illusorische Interpretationen anbietet, statt ihnen zu sagen, dass die Bibel nicht unbedingt sofortige, direkte Antworten auf jedes dieser Probleme bereithält. Ohne es zu sagen, lädt der Fundamentalismus doch zu einer Form der Selbstaufgabe des Denkens ein. Er gibt eine trügerische Sicherheit, indem er unbewusst die menschlichen Grenzen der biblischen Botschaft mit dem göttlichen Inhalt dieser Botschaft verwechselt." – Auf derselben Linie liegt die weit ausholende Erklärung der Päpstlichen Bibel-

kommission [Verlautbarungen des Apostolischen Stuhles Nr.152]: „Das jüdische Volk und seine Heilige Schrift in der christlichen Bibel" vom 20. Mai 2001; vgl. die Einführung dazu von *J. Beutler* in „Bibel und Kirche" 57, 2002, 3, 158-165

9 Aus meiner eigenen Erfahrung entspricht dem, dass mehrere Studenten zwar die historisch-kritische Exegese fürs Examen vorbereiteten, dann aber erklärten, in der Praxis würden sie jedoch die traditionelle naive Auslegung vertreten, da diese leichter zu vermitteln sei.

10 Vgl. *J. Kremer*, Pfingstbericht und Pfingstgeschehen (SBS 63/64) Stuttgart 1973

11 *H. Schlier*, Was heißt Auslegung der Heiligen Schrift? in: Besinnung auf das Neue Testament, Freiburg 1964, 57

12 So im „Kath. Katechismus der Bistümer Deutschlands" 1965; ähnlich KKK 1993, Nr. 625, 632, 637

13 Sie steht auch in Widerspruch zur Lehre des Thomas von Aquin (vgl. *G. Greshake/J. Kremer*, Resurrectio mortuorum, Darmstadt [2]1991, 223-236).Dieser korrigierte die von den Griechen übernommene dichotomische Sicht von Seele und Leib und vertrat die substanziale Einheit (unio substantialis) von Leib und Seele (anima unica forma corporis). Danach kann die Seele des Gekreuzigten (wie die jedes Menschen) nie ohne Leib existieren, genau so wie auch der Leib nie ohne Seele. Gemäß dieser heute von namhaften Theologen vertretenen Ansicht kann übrigens der Leichnam des Gekreuzigten wie der jedes Toten nur in einem uneigentlichen Sinn „Leib" genannt werden (so *Thomas v. Aquin*, S.th.III 25,6 a.3; *ders.* De anima V; vgl. *J. Ratzinger*, Art. Leichnam, LThK 6, [2]1961, 918f.). Diese theologische Sicht ist allerdings vielen, die im Bann der griechisch-philosophischen Unterscheidung von Leib und unsterblicher Seele stehen, aber mit der neueren Problematik nicht vertraut sind, nur schwer verständlich zu machen. Um diese zu verstehen, hilft manchen die Erklärung, dass der Mensch nach Ansicht von Fachleuten nicht „einen Leib hat", sondern „ein Leib ist" (J. Schmid). Dem entspricht in etwa die in der deutschen Sprache mögliche Unterscheidung zwischen dem verweslichen „Körper", dessen Materie sich schon von Geburt an ständig wandelt und nach dem Begräbnis bzw. der Einäscherung bald nicht mehr vorhanden ist, und dem bleibenden „Leib" (dem personalen Ich).

14 Vgl. *J. Kremer*, Enthüllungen der Zukunft. Tod, Rettung, Weltgericht. Topos plus Taschenbücher 317, Regensburg 1999, 88-110

15 Vgl. den Buchtitel von *J. Kremer*: „Die Osterevangelien – Geschichten um Geschichte", Stuttgart [2]1981

16 Vgl. dazu neuestens J. Kremer, Die Sonntagsevangelien der Lesejahre A/B/C. Hilfen zu ihrem Verständnis. Regensburg 2002

17 *K. Rahner*, Theologische Prinzipien der Hermeneutik eschatologischer Aussagen, Schriften IV, Einsiedeln 1960, 401-428

18 Vgl. *G. Greshake* (Anm. 13) 255-276; *J. Kremer*, Enthüllungen der Zukunft. Tod, Rettung, Weltgericht. Topos plus Taschenbücher 317, Regensburg 1999, 19-86